国学经典诵读系统

①三百千·弟子规

主编　丁继忠　程建忠

传承国学经典　塑造未来领袖

电子科技大学出版社

图书在版编目（CIP）数据

国学经典诵读系统①三百千 · 弟子规 / 丁继忠，程建忠主编. --成都：电子科技大学出版社，2016.12

ISBN 978-7-5647-4069-6

Ⅰ. ①国… Ⅱ. ①丁…②程…Ⅲ. ①国学－少儿读物 Ⅳ. ①Z126-49.

中国版本图书馆 CIP 数据核字（2016）第 305773 号

国学经典诵读系统
①三百千 · 弟子规
丁继忠　程建忠 主编

出　　版：电子科技大学出版社（成都市一环路东一段 159 号电子信息产业大厦　邮编：610051）
策划编辑：罗　雅
责任编辑：罗　雅
特邀编辑：何　强　尹　信
主　　页：www.uestcp.com.cn
电子邮箱：uestcp@uestcp.com.cn
发　　行：新华书店经销
印　　刷：四川永先数码印刷有限公司
成品尺寸：185mm×260mm　　印张 9.25　　字数 132 千字
版　　次：2016 年 12 月第一版
印　　次：2016 年 12 月第一次印刷
书　　号：ISBN 978-7-5647-4069-6
定　　价：60.00 元（全六册 360.00 元）

前 言

什么是“国学”?

中国古代所谓的“国学”，是指国家设立的学校。《周礼·春官宗伯·乐师》云：“乐师掌国学之政，以教国子小舞。”意思是乐师掌管国家设立的学校的工作，用以教导贵族的子弟学习乐舞。

“国学”作为一门统揽中华文化学术的概念被提出来，则是在西学东渐、中国文化转型的历史时期。其时欧美文化学术进入中国，号为“新学”或“西学”，与之相对，人们便把中国固有的传统学问统称为“旧学”或“国学”。

“国学”兴起于20世纪初，20年代始盛。1902年，梁启超与黄遵宪等人商议，拟在日本创办《国学报》。1905年，邓实、黄节等人在上海成立“国学保存会”，以“研究国学，保存国粹”为宗旨。1922年4月，章太炎在上海开讲“国学”，1934年又在苏州创办“章氏国学讲习会”，对国学做了总结性的讲解。章氏所谓“国学”，包括“小学”“经学”“史学”“诸子”“文学”五个部分。因此，一般来说，“国学”就是指以儒学为主体的中华传统文化与学术。

今天我们所说的“国学”，顾名思义，是指中国之学、中华之学，亦即以儒家学说为主体的中华传统文化。包括中国古代的思想、哲学、科学、技术、历史、地理、政治、经济及书画、音乐、术数、医学、星相、建筑等诸多方面。国学的分类，以学科分，应分为哲学、史学、文学、宗教学、伦理学、考据学、版本学等，其中以儒家哲学为主流；以思想分，应分为先秦诸子、儒道释三家等，其中儒家贯穿并主导中国思想史；以《四库全书》分，应分为经、史、子、集四部，但以经、子部为重，尤倾向于经部。《四库全书》是中国古代最大的丛书，编纂于清代乾隆年间，由当时的纪晓岚、王念孙、戴震等一流学者主持完成。“四库”指经、史、子、集四部，“全书”指所收书目皆为全本。

儒学能够成为指导中国两千多年的历史进程的学说，不仅在于它的理论形态与帝制体系之间的契合，更在于它的思想倾向和精神追求符合中国古代民众的文化心理和人文理想。经学作为中国古代文化传承的主要载体，不仅成为士人修身治国的理论基础，而且集中体现了中华民族的人文传统和价值取向。

我们现在提倡学习和研究“国学”，不是复古倒退，也不是抱残守缺，而是为了传承和弘扬中华民族的优秀传统文化。传统文化是一个民族的根，一个民族的标志。一个民族的疆土被人用武力占领了，还可以收复；一个民族的文化被人灭绝了，或者被自己抛弃了，则万劫不复。所以，在经济全球化的大趋势中，拥有几千年文化传统的中华民族，必须自觉地维护自己的根，这样才能自立于世界民族之林。

谈到传统国学的当代价值，原中国人民大学校长纪宝成认为至少有五个方面：第一，重振国学，对于唤起文化自觉，恢复文化自信，实现文化认同，增强民族凝聚力，具有重要的意义；第二，可提高国人的道德水准，提高个人的文化素养，提高国民的精神生活水平，对建设和谐社会具有重要的意义；第三，对于治国理政具有重要的借鉴意义；第四，对于提升中国的国际影响具有重要意义；第五，对促进马克思主义中国化，形成中国特色的马克思主义，完善中国特色的社会主义理论体系具有重要意义。

为什么孩子从小就要学习国学？国学是做人的学问，国学是教人健康成长之学。学国学就是学做人，学国学就是学习如何健康成长。孩子从一生下来开始，面临的头等大事就是如何健康成长，如何成为一个具有健全人格和健康心理以及德智体全面发展的人。因此，孩子从小的道德教育、情感教育、生命教育，尤为重要。1978 年，全世界 75 位诺贝尔奖获得者在巴黎举行集会，有一位记者采访一位诺贝尔奖获得者："请问先生，您是在哪所著名的大学或者著名的实验室学到了您认为人生最有价值的东西?"这位著名科学家略一思索，回答说："是在幼儿园。在幼儿园里，我学会了把自己的东西分一半给小伙伴，不是自己的东西不要拿；东西要放整齐；吃饭前要洗手；做错了事要表示歉意；午饭后要休息；要仔细观察大自然。从根本上说我学到的东西就是这些。"这位学者出人意料的回答，让在场的所有人报以热烈的掌声。确实，一个人从小养成的美好品性和良好习惯，对人一生的影响是具有决定意义的。

编写这套《国学经典诵读系统》，目的就是为了让孩子通过诵读国学经典，学习国学知识，感受华夏古典人文之繁盛、精神之高标，从而在潜移默化中，陶冶孩子的高尚情操，培养孩子的良好习惯，宽其心量，深其涵养，化其气质，塑其人格，热爱生命，做一个健康、丰富、快乐、幸福的人！

同时，我们亦希望父母家长朋友们，与你的孩子一起大声诵读国学经典，一起努力学习国学精粹，一起切身感受和体会中华优秀传统文化的博大精深与无穷魅力。父母是孩子最好的行为导师，“言传身教”是父母对孩子最好的教育方式。让我们一起行动起来，携着你的孩子和家人，与经典相伴，与圣贤同行，与时代共进，与幸福相拥！

目　录

【上部·诵读篇】

【下部·故事篇】

上部·诵读篇

第一单元 《百家姓》诵读

一

zhào qián sūn lǐ　zhōu wú zhèng wáng　féng chén chǔ wèi
赵钱孙李　周吴郑王　冯陈褚卫

jiǎng shěn hán yáng　zhū qín yóu xǔ　hé lǚ shī zhāng
蒋沈韩杨　朱秦尤许　何吕施张

kǒng cáo yán huà　jīn wèi táo jiāng　qī xiè zōu yù
孔曹严华　金魏陶姜　戚谢邹喻

bǎi shuǐ dòu zhāng　yún sū pān gě　xī fàn péng láng
柏水窦章　云苏潘葛　奚范彭郎

lǔ wéi chāng mǎ　miáo fèng huā fāng　yú rén yuán liǔ
鲁韦昌马　苗凤花方　俞任袁柳

fēng bào shǐ táng　fèi lián cén xuē　léi hè ní tāng
酆鲍史唐　费廉岑薛　雷贺倪汤

téng yīn luó bì　hǎo wū ān cháng　yuè yú shí fù
滕殷罗毕　郝邬安常　乐于时傅

pí biàn qí kāng　wǔ yú yuán bǔ　gù mèng píng huáng
皮卞齐康　伍余元卜　顾孟平黄

hé mù xiāo yǐn　yáo shào zhàn wāng　qí máo yǔ dí
和穆萧尹　姚邵湛汪　祁毛禹狄

二

mǐ bèi míng zāng　jì fú chéng dài　tán sòng máo páng
米贝明臧　计伏成戴　谈宋茅庞

xióng jǐ shū qū　xiàng zhù dǒng liáng　dù ruǎn lán mǐn
熊纪舒屈　项祝董梁　杜阮蓝闵

xí jì má qiáng　jiǎ lù lóu wēi　jiāng tóng yán guō
席季麻强　贾路娄危　江童颜郭

méi shèng lín diāo　zhōng xú qiū luò　gāo xià cài tián
梅盛林刁　钟徐邱骆　高夏蔡田

fán hú líng huò　yú wàn zhī kē　zǎn guǎn lú mò
樊胡凌霍　虞万支柯　昝管卢莫

jīng fáng qiú miào　gān xiè yīng zōng　dīng xuān bēn dèng
经房裘缪　干解应宗　丁宣贲邓

yù shàn háng hóng　bāo zhū zuǒ shí　cuī jí niǔ gōng
郁单杭洪　包诸左石　崔吉钮龚

chéng jī xíng huá　péi lù róng wēng　xún yáng yú huì
程嵇邢滑　裴陆荣翁　荀羊於惠

zhēn qū jiā fēng　ruì yì chǔ jìn　jí bǐng mí sōng
甄曲家封　芮羿储靳　汲邴糜松

jǐng duàn fù wū　wū jiāo bā gōng　mù wěi shān gǔ
井段富巫　乌焦巴弓　牧隗山谷

三

chē hóu mì péng　quán xī bān yǎng　qiū zhòng yī gōng
车侯宓蓬　全郗班仰　秋仲伊宫

nìng qiú luán bào　gān tǒu lì róng　zǔ wǔ fú liú
宁仇栾暴　甘钭厉戎　祖武符刘

jǐng zhān shù lóng　yè xìng sī sháo　gào lí jì bó
景詹束龙　叶幸司韶　郜黎蓟薄

yìn sù bái huái　pú tái cóng è　suǒ xián jí lài
印宿白怀　蒲邰从鄂　索咸籍赖

zhuó lìn tú méng　chí qiáo yīn yù　xū nài cāng shuāng
卓蔺屠蒙　池乔阴郁　胥能苍双

wén shēn dǎng zhái　tán gòng láo páng　jī shēn fú dǔ
闻莘党翟　谭贡劳逄　姬申扶堵

rǎn zǎi lì yōng　xì qú sāng guì　pú niú shòu tōng
冉宰郦雍　郤璩桑桂　濮牛寿通

biān hù yān jì　jiá pǔ shàng nóng　wēn bié zhuāng yàn
边扈燕冀　郏浦尚农　温别庄晏

chái qú yán chōng　mù lián rú xí　huàn ài yú róng
柴瞿阎充　慕连茹习　宦艾鱼容

xiàng gǔ yì shèn　gē liào yǔ zhōng　jì jū héng bù
向古易慎　戈廖庾终　暨居衡步

四

dū gěng mǎn hóng　kuāng guó wén kòu　guǎng lù quē dōng
都耿满弘　匡国文寇　广禄阙东

ōu shū wò lì　yù yuè kuí lóng　shī gǒng shè niè
欧殳沃利　蔚越夔隆　师巩厍聂

cháo gòu áo róng　lěng zī xīn kàn　nā jiǎn ráo kōng
晁勾敖融　冷訾辛阚　那简饶空

zēng wú shā niè　yǎng jū xū fēng　cháo guān kuǎi xiāng
曾毋沙乜　养鞠须丰　巢关蒯相

zhā hòu jīng hóng　yóu zhú quán lù　gě yì huán gōng
查后荆红　游竺权逯　盖益桓公

mò qí sī mǎ　shàng guān ōu yáng　xià hóu zhū gě
万俟司马　上官欧阳　夏侯诸葛

wén rén dōng fāng　hè lián huáng fǔ　yù chí gōng yáng
闻人东方　赫连皇甫　尉迟公羊

tán tái gōng yě　zōng zhèng pú yáng　chún yú chán yú
澹台公冶　宗政濮阳　淳于单于

tài shū shēn tú　gōng sūn zhòng sūn　xuān yuán líng hú
太叔申屠　公孙仲孙　轩辕令狐

zhōng lí yǔ wén　zhǎng sūn mù róng　xiān yú lǘ qiū
钟离宇文　长孙慕容　鲜于闾丘

五

sī tú sī kōng
司徒司空

qí guān sī kòu
亓官司寇

zhǎng dū zǐ jū
仉督子车

zhuān sūn duān mù
颛孙端木

wū mǎ gōng xī
巫马公西

qī diāo yuè zhèng
漆雕乐正

rǎng sì gōng liáng
壤驷公良

tuò bá jiá gǔ
拓跋夹谷

zǎi fǔ gǔ liáng
宰父榖梁

jìn chǔ yán fǎ
晋楚闫法

rǔ yān tú qīn
汝鄢涂钦

duàn gān bǎi lǐ
段干百里

dōng guō nán mén
东郭南门

hū yán guī hǎi
呼延归海

yáng shé wēi shēng
羊舌微生

yuè shuài gōu kàng
岳帅缑亢

kuàng hòu yǒu qín
况后有琴

liáng qiū zuǒ qiū
梁丘左丘

dōng mén xī mén
东门西门

shāng móu shé nài
商牟佘佴

bó shǎng nán gōng
伯赏南宫

mò hǎ qiáo dá
墨哈谯笪

nián ài yáng tóng
年爱阳佟

dì wǔ yán fú
第五言福

bǎi jiā xìng zhōng
百家姓终

第二单元　《弟子规》选读

一

dì zǐ guī shèng rén xùn shǒu xiào tì cì jǐn xìn
弟子规，圣人训。首孝悌，次谨信。

fàn ài zhòng ér qīn rén yǒu yú lì zé xué wén
泛爱众，而亲仁。有余力，则学文。

fù mǔ hū yìng wù huǎn fù mǔ mìng xíng wù lǎn
父母呼，应勿缓；父母命，行勿懒；

fù mǔ jiào xū jìng tīng fù mǔ zé xū shùn chéng
父母教，须敬听；父母责，须顺承。

dōng zé wēn xià zé qìng chén zé xǐng hūn zé dìng
冬则温，夏则清，晨则省，昏则定。

chū bì gào fǎn bì miàn jū yǒu cháng yè wú biàn
出必告，反必面；居有常，业无变。

shì suī xiǎo wù shàn wéi gǒu shàn wéi zǐ dào kuī
事虽小，勿擅为；苟擅为，子道亏。

wù suī xiǎo wù sī cáng gǒu sī cáng qīn xīn shāng
物虽小，勿私藏；苟私藏，亲心伤。

qīn suǒ hào lì wèi jù qī suǒ wù jǐn wèi qù
亲所好，力为具；亲所恶，谨为去。

shēn yǒu shāng yí qīn yōu dé yǒu shāng yí qīn xiū
身有伤，贻亲忧；德有伤，贻亲羞。

二

qīn ài wǒ xiào hé nán qīn wù wǒ xiào fāng xián

亲爱我，孝何难？亲恶我，孝方贤。

qīn yǒu guò jiàn shǐ gēng yí wú sè róu wú shēng

亲有过，谏使更，怡吾色，柔吾声。

jiàn bú rù yuè fù jiàn háo qì suí tà wú yuàn

谏不入，悦复谏；号泣随，挞无怨。

qīn yǒu jí yào xiān cháng zhòu yè shì bù lí chuáng

亲有疾，药先尝；昼夜侍，不离床。

sāng sān nián cháng bēi yè jū chù biàn jiǔ ròu jué

丧三年，常悲咽；居处变，酒肉绝。

sāng jìn lǐ jì jìn chéng shì sǐ zhě rú shì shēng

丧尽礼，祭尽诚；事死者，如事生。

xiōng dào yǒu dì dào gōng xiōng dì mù xiào zài zhōng

兄道友，弟道恭；兄弟睦，孝在中。

cái wù qīng yuàn hé shēng yán yǔ rěn fèn zì mǐn

财物轻，怨何生？言语忍，忿自泯。

huò yǐn shí huò zuò zǒu zhǎng zhě xiān yòu zhě hòu

或饮食，或坐走；长者先，幼者后。

zhǎng hū rén jí dài jiào rén bú zài jǐ jí dào

长呼人，即代叫；人不在，己即到。

三

chēng zūn zhǎng wù hū míng duì zūn zhǎng wù xiàn néng
称尊长，勿呼名；对尊长，勿见能。

lù yù zhǎng jí qū yī zhǎng wú yán tuì gōng lì
路遇长，疾趋揖；长无言，退恭立。

qí xià mǎ chéng xià chē guò yóu dài bǎi bù yú
骑下马，乘下车；过犹待，百步余。

zhǎng zhě lì yòu wù zuò zhǎng zhě zuò mìng nǎi zuò
长者立，幼勿坐；长者坐，命乃坐。

zūn zhǎng qián shēng yào dī dī bù wén què fēi yí
尊长前，声要低；低不闻，却非宜。

jìn bì qū tuì bì chí wèn qǐ duì shì wù yí
进必趋，退必迟；问起对，视勿移。

shì zhū fù rú shì fù shì zhū xiōng rú shì xiōng
事诸父，如事父；事诸兄，如事兄。

zhāo qǐ zǎo yè mián chí lǎo yì zhì xī cǐ shí
朝起早，夜眠迟；老易至，惜此时。

chén bì guàn jiān shù kǒu biàn niào huí zhé jìng shǒu
晨必盥，兼漱口；便溺回，辄净手。

guān bì zhèng niǔ bì jié wà yǔ lǚ jù jǐn qiè
冠必正，纽必结；袜与履，俱紧切。

四

zhì guān fú　yǒu dìng wèi　wù luàn dùn　zhì wū huì
置冠服，有定位；勿乱顿，致污秽。

yī guì jié　bú guì huá　shàng xún fèn　xià chèn jiā
衣贵洁，不贵华；上循分，下称家。

duì yǐn shí　wù jiǎn zé　shí shì kě　wù guò zé
对饮食，勿拣择；食适可，勿过则。

nián fāng shào　wù yǐn jiǔ　yǐn jiǔ zuì　zuì wéi chǒu
年方少，勿饮酒；饮酒醉，最为丑。

bù cóng róng　lì duān zhèng　yī shēn yuán　bài gōng jìng
步从容，立端正；揖深圆，拜恭敬。

wù jiàn yù　wù bì yǐ　wù jī jù　wù yáo bì
勿践阈，勿跛倚；勿箕踞，勿摇髀。

huǎn jiē lián　wù yǒu shēng　kuān zhuǎn wān　wù chù léng
缓揭帘，勿有声；宽转弯，勿触棱。

zhí xū qì　rú zhí yíng　rù xū shì　rú yǒu rén
执虚器，如执盈；入虚室，如有人。

shì wù máng　máng duō cuò　wù wèi nán　wù qīng lüè
事勿忙，忙多错；勿畏难，勿轻略。

dòu nào chǎng　jué wù jìn　xié pì shì　jué wù wèn
斗闹场，绝勿近；邪僻事，绝勿问。

五

jiāng rù mén　wèn shú cún　jiāng shàng táng　shēng bì yáng
将入门，问孰存；将上堂，声必扬。

rén wèn shuí　duì yǐ míng　wú yǔ wǒ　bù fēn míng
人问谁？对以名；吾与我，不分明。

yòng rén wù　xū míng qiú　tǎng bú wèn　jí wéi tōu
用人物，须明求；倘不问，即为偷。

jiè rén wù　jí shí huán　rén jiè wù　yǒu wù qiān
借人物，及时还；人借物，有勿悭。

fán chū yán　xìn wéi xiān　zhà yǔ wàng　xī kě yān
凡出言，信为先；诈与妄，奚可焉！

huà shuō duō　bù rú shǎo　wéi qí shì　wù nìng qiǎo
话说多，不如少；惟其是，勿佞巧。

jiān qiǎo yǔ　huì wū cí　shì jǐng qì　qiè jiè zhī
奸巧语，秽污词，市井气，切戒之。

jiàn wèi zhēn　wù qīng yán　zhī wèi dí　wù qīng chuán
见未真，勿轻言；知未的，勿轻传。

shì fēi yí　wù qīng nuò　gǒu qīng nuò　jìn tuì cuò
事非宜，勿轻诺；苟轻诺，进退错。

fán dào zì　zhòng qiě shū　wù jí jí　wù mó hu
凡道字，重且舒；勿急疾，勿模糊。

六

bǐ shuō cháng cǐ shuō duǎn bù guān jǐ mò xián guǎn
彼说长，此说短；不关己，莫闲管。

jiàn rén shàn jí sī qí zòng qù yuǎn yǐ jiàn jī
见人善，即思齐；纵去远，以渐跻。

jiàn rén è jí nèi xǐng yǒu zé gǎi wú jiā jǐng
见人恶，即内省；有则改，无加警。

wéi dé xué wéi cái yì bù rú rén dāng zì lì
惟德学，惟才艺；不如人，当自砺。

ruò yī fú ruò yǐn shí bù rú rén wù shēng qī
若衣服，若饮食；不如人，勿生戚。

wén guò nù wén yù lè sǔn yǒu lái yì yǒu què
闻过怒，闻誉乐；损友来，益友却。

wén yù kǒng wén guò xīn zhí liàng shì jiàn xiāng qīn
闻誉恐，闻过欣；直谅士，渐相亲。

wú xīn fēi míng wéi cuò yǒu xīn fēi míng wéi è
无心非，名为错；有心非，名为恶。

guò néng gǎi guī yú wú tǎng yǎn shì zēng yì gū
过能改，归于无；倘掩饰，增一辜。

fán shì rén jiē xū ài tiān tóng fù dì tóng zài
凡是人，皆须爱；天同覆，地同载。

七

xíng gāo zhě　míng zì gāo　rén suǒ zhòng　fēi mào gāo

行高者，名自高；人所重，非貌高。

cái dà zhě　wàng zì dà　rén suǒ fú　fēi yán dà

才大者，望自大；人所服，非言大。

jǐ yǒu néng　wù zì sī　rén yǒu néng　wù qīng zǐ

己有能，勿自私；人有能，勿轻訾。

wù chǎn fù　wù jiāo pín　wù yàn gù　wù xǐ xīn

勿谄富，勿骄贫；勿厌故，勿喜新。

rén bù xián　wù shì jiǎo　rén bù ān　wù huà rǎo

人不闲，勿事搅；人不安，勿话扰。

rén yǒu duǎn　qiè mò jiē　rén yǒu sī　qiè mò shuō

人有短，切莫揭；人有私，切莫说。

dào rén shàn　jí shì shàn　rén zhī zhī　yù sī miǎn

道人善，即是善；人知之，愈思勉。

yáng rén è　jí shì è　jí zhī shèn　huò qiě zuò

扬人恶，即是恶；疾之甚，祸且作。

shàn xiāng quàn　dé jiē jiàn　guò bù guī　dào liǎng kuī

善相劝，德皆建；过不规，道两亏。

fán qǔ yǔ　guì fēn xiǎo　yǔ yí duō　qǔ yí shǎo

凡取与，贵分晓；与宜多，取宜少。

八

jiāng jiā rén xiān wèn jǐ jǐ bú yù jí sù yǐ
将加人，先问己；己不欲，即速已。

ēn yù bào yuàn yù wàng bào yuàn duǎn bào ēn cháng
恩欲报，怨欲忘；抱怨短，报恩长。

dài bì pú shēn guì duān suī guì duān cí ér kuān
待婢仆，身贵端；虽贵端，慈而宽。

shì fú rén xīn bù rán lǐ fú rén fāng wú yán
势服人，心不然；理服人，方无言。

tóng shì rén lèi bù qí liú sú zhòng rén zhě xī
同是人，类不齐；流俗众，仁者稀。

guǒ rén zhě rén duō wèi yán bú huì sè bú mèi
果仁者，人多畏；言不讳，色不媚。

néng qīn rén wú xiàn hǎo dé rì jìn guò rì shǎo
能亲仁，无限好；德日进，过日少。

bù qīn rén wú xiàn hài xiǎo rén jìn bǎi shì huài
不亲仁，无限害；小人进，百事坏。

bú lì xíng dàn xué wén zhǎng fú huá chéng hé rén
不力行，但学文；长浮华，成何人！

dàn lì xíng bù xué wén rèn jǐ jiàn mèi lǐ zhēn
但力行，不学文；任己见，昧理真。

九

dú shū fǎ　yǒu sān dào　xīn yǎn kǒu　xìn jiē yào
读书法，有三到：心眼口，信皆要。

fāng dú cǐ　wù mù bǐ　cǐ wèi zhōng　bǐ wù qǐ
方读此，勿慕彼；此未终，彼勿起。

kuān wéi xiàn　jǐn yòng gōng　gōng fū dào　zhì sè tōng
宽为限，紧用功；工夫到，滞塞通。

xīn yǒu yí　suí zhá jì　jiù rén wèn　qiú què yì
心有疑，随札记；就人问，求确义。

fáng shì qīng　qiáng bì jìng　jī àn jié　bǐ yàn zhèng
房室清，墙壁净；几案洁，笔砚正。

mò mó piān　xīn bù duān　zì bú jìng　xīn xiān bìng
墨磨偏，心不端；字不敬，心先病。

liè diǎn jí　yǒu dìng chù　dú kàn bì　huán yuán chù
列典籍，有定处；读看毕，还原处。

suī yǒu jí　juàn shù qí　yǒu quē sǔn　jiù bǔ zhī
虽有急，卷束齐；有缺损，就补之。

fēi shèng shū　bǐng wù shì　bì cōng míng　huài xīn zhì
非圣书，屏勿视；蔽聪明，坏心志。

wù zì bào　wù zì qì　shèng yǔ xián　kě xùn zhì
勿自暴，勿自弃；圣与贤，可驯致。

第三单元 《三字经》诵读

一

rén zhī chū xìng běn shàn xìng xiāng jìn xí xiāng yuǎn
人之初，性本善，性相近，习相远。

gǒu bú jiào xìng nǎi qiān jiào zhī dào guì yǐ zhuān
苟不教，性乃迁，教之道，贵以专。

xī mèng mǔ zé lín chǔ zǐ bù xué duàn jī zhù
昔孟母，择邻处，子不学，断机杼。

dòu yān shān yǒu yì fāng jiào wǔ zǐ míng jù yáng
窦燕山，有义方，教五子，名俱扬。

yǎng bú jiào fù zhī guò jiào bù yán shī zhī duò
养不教，父之过；教不严，师之惰。

zǐ bù xué fēi suǒ yí yòu bù xué lǎo hé wéi
子不学，非所宜，幼不学，老何为？

yù bù zhuó bù chéng qì rén bù xué bù zhī yì
玉不琢，不成器；人不学，不知义。

wéi rén zǐ fāng shào shí qīn shī yǒu xí lǐ yí
为人子，方少时，亲师友，习礼仪。

xiāng jiǔ líng néng wēn xí xiào yú qīn suǒ dāng zhí
香九龄，能温席，孝于亲，所当执。

róng sì suì néng ràng lí tì yú zhǎng yí xiān zhī
融四岁，能让梨，弟于长，宜先知。

二

shǒu xiào tì cì jiàn wén zhī mǒu shù shí mǒu wén
首孝弟，次见闻，知某数，识某文。

yī ér shí shí ér bǎi bǎi ér qiān qiān ér wàn
一而十，十而百，百而千，千而万。

sān cái zhě tiān dì rén sān guāng zhě rì yuè xīng
三才者，天地人；三光者，日月星。

sān gāng zhě jūn chén yì fù zǐ qīn fū fù shùn
三纲者：君臣义，父子亲，夫妇顺。

yuē chūn xià yuē qiū dōng cǐ sì shí yùn bù qióng
曰春夏，曰秋冬，此四时，运不穷。

yuē nán běi yuē xī dōng cǐ sì fāng yìng hū zhōng
曰南北，曰西东，此四方，应乎中。

yuē shuǐ huǒ mù jīn tǔ cǐ wǔ xíng běn hū shù
曰水火，木金土，此五行，本乎数。

yuē rén yì lǐ zhì xìn cǐ wǔ cháng bù róng wěn
曰仁义，礼智信，此五常，不容紊。

dào liáng shū mài shǔ jì cǐ liù gǔ rén suǒ shí
稻粱菽，麦黍稷，此六谷，人所食。

mǎ niú yáng jī quǎn shǐ cǐ liù chù rén suǒ sì
马牛羊，鸡犬豕，此六畜，人所饲。

三

yuē xǐ nù　yuē āi jù　ài wù yù　qī qíng jù
曰喜怒，曰哀惧，爱恶欲，七情具。

páo tǔ gé　mù shí jīn　sī yǔ zhú　nǎi bā yīn
匏土革，木石金，丝与竹，乃八音。

gāo zēng zǔ　fù ér shēn　shēn ér zǐ　zǐ ér sūn
高曾祖，父而身，身而子，子而孙，

zì zǐ sūn　zhì xuán zēng　nǎi jiǔ zú　rén zhī lún
自子孙，至玄曾，乃九族，人之伦。

fù zǐ ēn　fū fù cóng　xiōng zé yǒu　dì zé gōng
父子恩，夫妇从，兄则友，弟则恭，

zhǎng yòu xù　yǒu yǔ péng　jūn zé jìng　chén zé zhōng
长幼序，友与朋，君则敬，臣则忠，

cǐ shí yì　rén suǒ tóng　fán xùn méng　xū jiǎng jiū
此十义，人所同。凡训蒙，须讲究，

xiáng xùn gǔ　míng jù dòu　wéi xué zhě　bì yǒu chū
详训诂，明句读。为学者，必有初，

xiǎo xué zhōng　zhì sì shū　lún yǔ zhě　èr shí piān
小学终，至四书。《论语》者，二十篇，

qún dì zǐ　jì shàn yán　mèng zǐ zhě　qī piān zhǐ
群弟子，记善言。《孟子》者，七篇止，

四

jiǎng dào dé　shuō rén yì　zuò zhōng yōng　zǐ sī bǐ
讲道德，说仁义。作《中庸》，子思笔，

zhōng bù piān　yōng bú yì　zuò dà xué　nǎi zēng zǐ
中不偏，庸不易。作《大学》，乃曾子，

zì xiū qí　zhì píng zhì　xiào jīng tōng　sì shū shú
自修齐，至平治。《孝经》通，四书熟，

rú liù jīng　shǐ kě dú　shī shū yì　lǐ chūn qiū
如六经，始可读。《诗》《书》《易》，《礼》《春》《秋》，

hào liù jīng　dāng jiǎng qiú　yǒu lián shān　yǒu guī cáng
号六经，当讲求。有《连山》，有《归藏》，

yǒu zhōu yì　sān yì xiáng　yǒu diǎn mó　yǒu xùn gào
有《周易》，三易详。有典谟，有训诰，

yǒu shì mìng　shū zhī ào　wǒ zhōu gōng　zuò zhōu lǐ
有誓命，《书》之奥。我周公，作《周礼》，

zhù liù guān　cún zhì tǐ　dà xiǎo dài　zhù lǐ jì
著六官，存治体。大小戴，注《礼记》，

shù shèng yán　lǐ yuè bèi　yuē guó fēng　yuē yǎ sòng
述圣言，礼乐备。曰《国风》，曰《雅》《颂》，

hào sì shī　dāng fěng yǒng　shī jì wáng　chūn qiū zuò
号四诗，当讽咏。《诗》既亡，《春秋》作，

五

yù bāo biǎn bié shàn è sān zhuàn zhě yǒu gōng yáng
寓褒贬，别善恶。三传者，有《公羊》，

yǒu zuǒ shì yǒu gǔ liáng jīng jì míng fāng dú zǐ
有《左氏》，有《穀梁》。经既明，方读子，

cuō qí yào jì qí shì wǔ zǐ zhě yǒu xún yáng
撮其要，记其事。五子者，有荀扬，

wén zhōng zǐ jí lǎo zhuāng jīng zǐ tōng dú zhū shǐ
文中子，及老庄。经子通，读诸史，

kǎo shì xì zhī zhōng shǐ zì xī nóng zhì huáng dì
考世系，知终始。自羲农，至黄帝，

hào sān huáng jū shàng shì táng yǒu yú hào èr dì
号三皇，居上世。唐有虞，号二帝，

xiāng yī xùn chēng shèng shì xià yǒu yǔ shāng yǒu tāng
相揖逊，称盛世。夏有禹，商有汤，

zhōu wén wǔ chēng sān wáng xià chuán zǐ jiā tiān xià
周文武，称三王。夏传子，家天下，

sì bǎi zǎi qiān xià shè tāng fá xià guó hào shāng
四百载，迁夏社。汤伐夏，国号商，

liù bǎi zǎi zhì zhòu wáng zhōu wǔ wáng shǐ zhū zhòu
六百载，至纣亡。周武王，始诛纣，

六

bā bǎi zǎi zuì cháng jiǔ zhōu zhé dōng wáng gāng zhuì
八百载，最长久。周辙东，王纲坠，

chěng gān gē shàng yóu shuì shǐ chūn qiū zhōng zhàn guó
逞干戈，尚游说。始春秋，终战国，

wǔ bà qiáng qī xióng chū yíng qín shì shǐ jiān bìng
五霸强，七雄出。嬴秦氏，始兼并，

chuán èr shì chǔ hàn zhēng gāo zǔ xīng hàn yè jiàn
传二世，楚汉争。高祖兴，汉业建，

zhì xiào píng wáng mǎng cuàn guāng wǔ xīng wéi dōng hàn
至孝平，王莽篡。光武兴，为东汉。

sì bǎi nián zhōng yú xiàn wèi shǔ wú zhēng hàn dǐng
四百年，终于献。魏蜀吴，争汉鼎，

hào sān guó qì liǎng jìn sòng qí jì liáng chén chéng
号三国，迄两晋。宋齐继，梁陈承，

wéi nán cháo dū jīn líng běi yuán wèi fēn dōng xī
为南朝，都金陵。北元魏，分东西，

yǔ wén zhōu yǔ gāo qí dài zhì suí yī tǔ yǔ
宇文周，与高齐。迨至隋，一土宇，

bú zài chuán shī tǒng xù táng gāo zǔ qǐ yì shī
不再传，失统绪。唐高祖，起义师。

七

chú suí luàn chuàng guó jī èr shí chuán sān bǎi zǎi
除隋乱，创国基。二十传，三百载，

liáng miè zhī guó nǎi gǎi liáng táng jìn jí hàn zhōu
梁灭之，国乃改。梁唐晋，及汉周，

chēng wǔ dài jiē yǒu yóu yán sòng xīng shòu zhōu shàn
称五代，皆有由。炎宋兴，受周禅。

shí bā chuán nán běi hùn liáo yǔ jīn dì hào fēn
十八传，南北混。辽与金，帝号纷，

dài miè liáo sòng yóu cún zhì yuán xīng jīn xù xiē
迨灭辽，宋犹存。至元兴，金绪歇，

yǒu sòng shì yì tóng miè bìng zhōng guó jiān róng dí
有宋世，一同灭。并中国，兼戎狄，

jiǔ shí nián guó zuò fèi míng tài zǔ jiǔ qīn shī
九十年，国祚废。明太祖，久亲师。

chuán jiàn wén fāng sì sì qiān běi jīng yǒng lè sì
传建文，方四祀。迁北京，永乐嗣。

dài chóng zhēn méi shān shì qīng tài zǔ yīng jǐng mìng
迨崇祯，煤山逝。清太祖，膺景命。

jìng sì fāng kè dà dìng zhì shì zǔ nǎi dà tóng
靖四方，克大定。至世祖，乃大同。

八

shí èr shì qīng zuò zhōng niàn èr shǐ quán zài zī
十二世，清祚终。廿二史，全在兹，

zǎi zhì luàn zhī xīng shuāi dú shǐ zhě kǎo shí lù
载治乱，知兴衰。读史者，考实录，

tōng gǔ jīn ruò qīn mù kǒu ér sòng xīn ér wéi
通古今，若亲目。口而诵，心而惟。

zhāo yú sī xī yú sī xī zhòng ní shī xiàng tuó
朝于斯，夕于斯。昔仲尼，师项橐，

gǔ shèng xián shàng qín xué zhào zhōng lìng dú lǔ lùn
古圣贤，尚勤学。赵中令，读《鲁论》，

bǐ jì shì xué qiě qín pī pú biān xiāo zhú jiǎn
彼既仕，学且勤。披蒲编，削竹简，

bǐ wú shū qiě zhī miǎn tóu xuán liáng zhuī cì gǔ
彼无书，且知勉。头悬梁，锥刺股，

bǐ bù jiāo zì qín kǔ rú náng yíng rú yìng xuě
彼不教，自勤苦。如囊萤，如映雪，

jiā suī pín xué bú chuò rú fù xīn rú guà jiǎo
家虽贫，学不辍。如负薪，如挂角，

shēn suī láo yóu kǔ zhuó sū lǎo quán èr shí qī
身虽劳，犹苦卓。苏老泉，二十七，

九

shǐ fā fèn dú shū jí bǐ jì lǎo yóu huǐ chí
始发愤，读书籍。彼既老，犹悔迟，

ěr xiǎo shēng yí zǎo sī ruò liáng hào bā shí èr
尔小生，宜早思。若梁灏，八十二，

duì dà tíng kuí duō shì bǐ jì chéng zhòng chēng yì
对大廷，魁多士。彼既成，众称异。

ěr xiǎo shēng yí lì zhì yíng bā suì néng yǒng shī
尔小生，宜立志。莹八岁，能咏诗，

bì qī suì néng fù qí bǐ yǐng wù rén chēng qí
泌七岁，能赋棋。彼颖悟，人称奇。

ěr yòu xué dāng xiào zhī cài wén jī néng biàn qín
尔幼学，当效之。蔡文姬，能辨琴，

xiè dào yùn néng yǒng yín bǐ nǚ zǐ qiě cōng mǐn
谢道韫，能咏吟。彼女子，且聪敏，

ěr nán zǐ dāng zì jǐng táng liú yàn fāng qī suì
尔男子，当自警。唐刘晏，方七岁，

jǔ shén tóng zuò zhèng zì bǐ suī yòu shēn yǐ shì
举神童，作正字。彼虽幼，身已仕。

ěr yòu xué miǎn ér zhì yǒu wéi zhě yì ruò shì
尔幼学，勉而致。有为者，亦若是。

十

quǎn shǒu yè jī sī chén gǒu bù xué hé wéi rén
犬守夜，鸡司晨。苟不学，曷为人？

cán tǔ sī fēng niàng mì rén bù xué bù rú wù
蚕吐丝，蜂酿蜜，人不学，不如物。

yòu ér xué zhuàng ér xíng shàng zhì jūn xià zé mín
幼而学，壮而行。上致君，下泽民。

yáng míng shēng xiǎn fù mǔ guāng yú qián yù yú hòu
扬名声，显父母。光于前，裕于后。

rén yí zǐ jīn mǎn yíng wǒ jiào zǐ wéi yī jīng
人遗子，金满籯，我教子，惟一经。

qín yǒu gōng xì wú yì jiè zhī zāi yí miǎn lì
勤有功，戏无益。戒之哉，宜勉力。

第四单元 《千字文》诵读

一

tiān dì xuán huáng　　　yǔ zhòu hóng huāng
天地玄黄，　　　宇宙洪荒。

rì yuè yíng zè　　　chén xiù liè zhāng
日月盈昃，　　　辰宿列张。

hán lái shǔ wǎng　　　qiū shōu dōng cáng
寒来暑往，　　　秋收冬藏。

rùn yú chéng suì　　　lǜ lǚ tiáo yáng
闰余成岁，　　　律吕调阳。

yún téng zhì yǔ　　　lù jié wéi shuāng
云腾致雨，　　　露结为霜。

jīn shēng lì shuǐ　　　yù chū kūn gāng
金生丽水，　　　玉出昆冈。

jiàn hào jù què　　　zhū chēng yè guāng
剑号巨阙，　　　珠称夜光。

guǒ zhēn lǐ nài　　　cài zhòng jiè jiāng
果珍李柰，　　　菜重芥姜。

hǎi xián hé dàn　　　lín qián yǔ xiáng
海咸河淡，　　　鳞潜羽翔。

lóng shī huǒ dì　　　niǎo guān rén huáng
龙师火帝，　　　鸟官人皇。

二

shǐ zhì wén zì　　nǎi fú yī shang
始制文字，　乃服衣裳。

tuī wèi ràng guó　　yǒu yú táo táng
推位让国，　有虞陶唐。

diào mín fá zuì　　zhōu fā yīn tāng
吊民伐罪，　周发殷汤。

zuò cháo wèn dào　　chuí gǒng píng zhāng
坐朝问道，　垂拱平章。

ài yù lí shǒu　　chén fú róng qiāng
爱育黎首，　臣伏戎羌。

xiá ěr yī tǐ　　shuài bīn guī wáng
遐迩一体，　率宾归王。

míng fèng zài zhú　　bái jū shí cháng
鸣凤在竹，　白驹食场。

huà bèi cǎo mù　　lài jí wàn fāng
化被草木，　赖及万方。

gài cǐ shēn fà　　sì dà wǔ cháng
盖此身发，　四大五常。

gōng wéi jū yǎng　　qǐ gǎn huǐ shāng
恭惟鞠养，　岂敢毁伤。

三

nǚ mù zhēn jié　　nán xiào cái liáng
女慕贞洁，　男效才良。

zhī guò bì gǎi　　dé néng mò wàng
知过必改，　得能莫忘。

wǎng tán bǐ duǎn　　mǐ shì jǐ cháng
罔谈彼短，　靡恃己长。

xìn shǐ kě fù　　qì yù nán liáng
信使可覆，　器欲难量。

mò bēi sī rǎn　　shī zàn gāo yáng
墨悲丝染，　《诗》赞羔羊。

jǐng xíng wéi xián　　kè niàn zuò shèng
景行维贤，　克念作圣。

dé jiàn míng lì　　xíng duān biǎo zhèng
德建名立，　形端表正。

kōng gǔ chuán shēng　　xū táng xí tīng
空谷传声，　虚堂习听。

huò yīn è jī　　fú yuán shàn qìng
祸因恶积，　福缘善庆。

chǐ bì fēi bǎo　　cùn yīn shì jìng
尺璧非宝，　寸阴是竞。

四

zī fù shì jūn　　yuē yán yǔ jìng
资父事君，　　曰严与敬。

xiào dāng jié lì　　zhōng zé jìn mìng
孝当竭力，　　忠则尽命。

lín shēn lǚ bó　　sù xīng wēn qìng
临深履薄，　　夙兴温凊。

sì lán sī xīn　　rú sōng zhī shèng
似兰斯馨，　　如松之盛。

chuān liú bù xī　　yuān chéng qǔ yìng
川流不息，　　渊澄取映。

róng zhǐ ruò sī　　yán cí ān dìng
容止若思，　　言辞安定。

dǔ chū chéng měi　　shèn zhōng yí lìng
笃初诚美，　　慎终宜令。

róng yè suǒ jī　　jiè shèn wú jìng
荣业所基，　　籍甚无竟。

xué yōu dēng shì　　shè zhí cóng zhèng
学优登仕，　　摄职从政。

cún yǐ gān táng　　qù ér yì yǒng
存以甘棠，　　去而益咏。

五

yuè shū guì jiàn　　　lǐ bié zūn bēi
乐殊贵贱，　　　礼别尊卑。

shàng hé xià mù　　　fū chàng fù suí
上和下睦，　　　夫唱妇随。

wài shòu fù xùn　　　rù fèng mǔ yí
外受傅训，　　　入奉母仪。

zhū gū bó shū　　　yóu zǐ bǐ ér
诸姑伯叔，　　　犹子比儿。

kǒng huái xiōng dì　　　tóng qì lián zhī
孔怀兄弟，　　　同气连枝。

jiāo yǒu tóu fèn　　　qiē mó zhēn guī
交友投分，　　　切磨箴规。

rén cí yǐn cè　　　zào cì fú lí
仁慈隐恻，　　　造次弗离。

jié yì lián tuì　　　diān pèi fěi kuī
节义廉退，　　　颠沛匪亏。

xìng jìng qíng yì　　　xīn dòng shén pí
性静情逸，　　　心动神疲。

shǒu zhēn zhì mǎn　　　zhú wù yì yí
守真志满，　　　逐物意移。

六

jiān chí yǎ cāo, hǎo jué zì mí
坚持雅操，好爵自縻。

dū yì huá xià, dōng xī èr jīng
都邑华夏，东西二京。

bèi máng miàn luò, fú wèi jù jīng
背邙面洛，浮渭据泾。

gōng diàn pán yù, lóu guàn fēi jīng
宫殿盘郁，楼观飞惊。

tú xiě qín shòu, huà cǎi xiān líng
图写禽兽，画彩仙灵。

bǐng shè bàng qǐ, jiǎ zhàng duì yíng
丙舍傍启，甲帐对楹。

sì yán shè xí, gǔ sè chuī shēng
肆筵设席，鼓瑟吹笙。

shēng jiē nà bì, biàn zhuàn yí xīng
升阶纳陛，弁转疑星。

yòu tōng guǎng nèi, zuǒ dá chéng míng
右通广内，左达承明。

jì jí fén diǎn, yì jù qún yīng
既集坟典，亦聚群英。

七

dù gǎo zhōng lì　qī shū bì jīng
杜稿钟隶，漆书壁经。

fǔ luó jiàng xiàng　lù jiā huái qīng
府罗将相，路侠槐卿。

hù fēng bā xiàn　jiā jǐ qiān bīng
户封八县，家给千兵。

gāo guān péi niǎn　qū gǔ zhèn yīng
高冠陪辇，驱毂振缨。

shì lù chǐ fù　chē jià féi qīng
世禄侈富，车驾肥轻。

cè gōng mào shí　lè bēi kè míng
策功茂实，勒碑刻铭。

pán xī yī yǐn　zuǒ shí ā héng
磻溪伊尹，佐时阿衡。

yǎn zhái qū fù　wēi dàn shú yíng
奄宅曲阜，微旦孰营。

huán gōng kuāng hé　jì ruò fú qīng
桓公匡合，济弱扶倾。

qǐ huí hàn huì　yuè gǎn wǔ dīng
绮回汉惠，说感武丁。

八

jùn yì mì wù　duō shì shí níng
俊乂密勿，多士寔宁。

jìn chǔ gēng bà　zhào wèi kùn héng
晋楚更霸，赵魏困横。

jiǎ tú miè guó　jiàn tǔ huì méng
假途灭虢，践土会盟。

hé zūn yuē fǎ　hán bì fán xíng
何遵约法，韩弊烦刑。

qǐ jiǎn pō mù　yòng jūn zuì jīng
起翦颇牧，用军最精。

xuān wēi shā mò　chí yù dān qīng
宣威沙漠，驰誉丹青。

jiǔ zhōu yǔ jì　bǎi jùn qín bìng
九州禹迹，百郡秦并，

yuè zōng tài dài　shàn zhǔ yún tíng
岳宗泰岱，禅主云亭。

yàn mén zǐ sài　jī tián chì chéng
雁门紫塞，鸡田赤城。

kūn chí jié shí　jù yě dòng tíng
昆池碣石，巨野洞庭。

九

kuàng yuǎn mián miǎo　　yán xiù yǎo míng
旷远绵邈，岩岫杳冥。

zhì běn yú nóng　　wù zī jià sè
治本于农，务兹稼穑。

chù zǎi nán mǔ　　wǒ yì shǔ jì
俶载南亩，我艺黍稷。

shuì shú gòng xīn　　quàn shǎng chù zhì
税熟贡新，劝赏黜陟。

mèng kē dūn sù　　shǐ yú bǐng zhí
孟轲敦素，史鱼秉直。

shù jī zhōng yōng　　láo qiān jǐn chì
庶几中庸，劳谦谨敕。

líng yīn chá lǐ　　jiàn mào biàn sè
聆音察理，鉴貌辨色。

yí jué jiā yóu　　miǎn qí zhī zhí
贻厥嘉猷，勉其祗植。

xǐng gōng jī jiè　　chǒng zēng kàng jí
省躬讥诫，宠增抗极。

dài rǔ jìn chǐ　　lín gāo xìng jí
殆辱近耻，林皋幸即。

十

liǎng shū jiàn jī　jiě zǔ shuí bī
两疏见机，解组谁逼。

suǒ jū xián chǔ　chén mò jì liáo
索居闲处，沉默寂寥。

qiú gǔ xún lùn　sàn lǜ xiāo yáo
求古寻论，散虑逍遥。

xīn zòu lěi qiǎn　qī xiè huān zhāo
欣奏累遣，戚谢欢招。

qú hé dì lì　yuán mǎng chōu tiáo
渠荷的历，园莽抽条。

pí pá wǎn cuì　wú tóng zǎo diāo
枇杷晚翠，梧桐蚤凋。

chén gēn wěi yì　luò yè piāo yáo
陈根委翳，落叶飘摇。

yóu kūn dú yùn　líng mó jiàng xiāo
游鹍独运，凌摩绛霄。

dān dú wán shì　yù mù náng xiāng
耽读玩市，寓目囊箱。

yì yóu yōu wèi　zhǔ ěr yuán qiáng
易輶攸畏，属耳垣墙。

十一

jù shàn cān fàn　　shì kǒu chōng cháng
具膳餐饭，　　适口充肠。

bǎo yù pēng zǎi　　jī yàn zāo kāng
饱饫烹宰，　　饥厌糟糠。

qīn qī gù jiù　　lǎo shào yì liáng
亲戚故旧，　　老少异粮。

qiè yù jì fǎng　　shì jīn wéi fáng
妾御绩纺，　　侍巾帷房。

wán shàn yuán jié　　yín zhú wěi huáng
纨扇圆絜，　　银烛炜煌。

zhòu mián xī mèi　　lán sǔn xiàng chuáng
昼眠夕寐，　　蓝笋象床。

xián gē jiǔ yàn　　jiē bēi jǔ shāng
弦歌酒宴，　　接杯举觞。

jiǎo shǒu dùn zú　　yuè yù qiě kāng
矫手顿足，　　悦豫且康。

dí hòu sì xù　　jì sì zhēng cháng
嫡后嗣续，　　祭祀烝尝。

qǐ sǎng zài bài　　sǒng jù kǒng huáng
稽颡再拜，　　悚惧恐惶。

十二

jiān dié jiǎn yào　　gù dá shěn xiáng
笺牒简要，顾答审详。

hái gòu xiǎng yù　　zhí rè yuàn liáng
骸垢想浴，执热愿凉。

lǘ luó dú tè　　hài yuè chāo xiāng
驴骡犊特，骇跃超骧。

zhū zhǎn zéi dào　　bǔ huò pàn wáng
诛斩贼盗，捕获叛亡。

bù shè liáo wán　　jī qín ruǎn xiào
布射僚丸，嵇琴阮啸。

tián bǐ lún zhǐ　　jūn qiǎo rén diào
恬笔伦纸，钧巧任钓。

shì fēn lì sú　　bìng jiē jiā miào
释纷利俗，并皆佳妙。

máo shī shū zī　　gōng pín yán xiào
毛施淑姿，工颦妍笑。

nián shǐ měi cuī　　xī huī lǎng yào
年矢每催，曦晖朗曜。

xuán jī xuán wò　　huì pò huán zhào
璇玑悬斡，晦魄环照。

十三

zhǐ xīn xiū hù　　yǒng suí jí shào
指薪修祜，　永绥吉劭。

jǔ bù yǐn lǐng　　fǔ yǎng láng miào
矩步引领，　俯仰廊庙。

shù dài jīn zhuāng　　pái huái zhān tiào
束带矜庄，　徘徊瞻眺

gū lòu guǎ wén　　yú méng děng qiào
孤陋寡闻，　愚蒙等诮。

wèi yǔ zhù zhě　　yān zāi hū yě
谓语助者，　焉哉乎也。

下部·故事篇

一、《百家姓》：中华名人故事

1. 赵匡胤——宋朝开国皇帝

赵匡胤（yìn）（927—976）从小就有雄心壮志，父亲赵弘殷常年在外打仗，赵匡胤因为年小不能跟随，就在家玩骑马射箭的游戏。母亲杜氏劝他读书，他说："太平盛世用文安邦，天下混乱则用武定国。现在战火纷纷，我只希望练就一身本领，将来建功立业。"母亲一听，笑他夸海口。他说："唐太宗李世民，也只不过是个将门之子，为什么能成就一代帝王伟业？我虽没有大才，但我也要做个轰轰烈烈的伟丈夫，干出一番大事来。"母亲见他越说越离谱，就把他骂了一顿。事实上，赵匡胤确实本事高强，胆量过人。有一次，一群少年让他骑一匹烈马，就想看他被烈马摔得遍体鳞伤的狼狈相，谁知他竟驯服了这匹烈马，让众少年佩服得五体投地。从此以后，赵匡胤的名声越来越大。

但他的父亲仍然不想让他从军，干脆在他18岁那年，给他娶了个媳妇，企图拴住他的心。可是，他却背着母亲和媳妇，偷偷跑去投奔后汉大将军郭威。郭威非常欣赏这个年轻人，把他留在了军中。他为郭威出了不少主意，并建立了无数军功。951年，郭威攻入汴（biàn）京，做了皇帝，国号周，史称后周。郭威提拔赵匡胤为文武总领大臣。郭威没有儿子，他死后由妻侄柴荣继位，后周世宗柴荣更是对赵匡胤宠信有加，把禁军的军权交给了他。这一年，赵匡胤27岁。接下来与南唐的战斗，更使赵匡胤名声大震。958年，南唐中主李璟（jǐng）兵败，李璟偷偷给赵匡胤送来一封信，并送白银三千两。赵知是反间计，立即上交朝廷。周世宗大加赞赏，升赵匡胤为忠武军节度使。此时，父亲赵弘殷去世，赵匡胤是个孝子，决定停职在家守孝。959年，周世宗在弥留之际召宰相范质晋见，让他辅佐太子柴宗训。960年元旦，北汉王刘钧联合辽兵入侵，范质保举赵匡胤为大元帅。部队到了陈桥驿，赵匡胤在众部属的"逼迫"下，黄袍加身，当了皇帝，国号宋。

2. 钱钟书——当代中华文化昆仑

钱钟书（1910—1998）的父亲钱基博，是江南才子、国学大师。母亲王氏，为近代通俗小说作家王西神之妹。钱钟书出生那天，曾有人送来一部《常州先哲丛书》，伯父便为他取名“仰先”，即“仰慕先哲”的意思。仰先满周岁时“抓周”，小小的手儿一下子抓了一本书，所以他的父亲为他正式取名“钟书”。钟书6岁开始读私塾，10岁开始读小学，父亲为他改字“默存”，意思要他少说话、多读书、多做事。19岁报考清华大学时，数学仅得15分，但因国文、英文成绩特别突出，其中英文更是获得满分，被清华大学破格录取。他一跨进清华大学的校门，他就声称要“横扫清华图书馆”，读尽清华藏书。他什么书都看，而且过目不忘，有人称他的头脑具有照相机的功能。最奇怪的是他上课从不记笔记，总是边听课边看闲书，或画画，或练书法，但每次考试都是第一名。以至于他的同学许振德很不服气想揍他，后来还是钱钟书帮他解了几道特大难题，让他佩服得五体投地，二人才成了好朋友。

钱钟书的天资禀赋我们无法具备也学不到，我们应该学习的是他那超常的勤奋。图书馆里的馆藏线装书十分丰富，许多线装书的借阅卡上只有钱钟书一个人的名字。他的夫人杨绛先生曾在一篇文章中说，钱钟书撰著《管锥编》时，她为他整理、检点笔记本，就整整花了两天时间，装了几大麻袋。

钱钟书和他的著作是中国文化的奇迹与象征！海外学者称他：“中国当代第一博学鸿儒！”国内学者称他：“当代中华文化昆仑！”1991年，全国18家省级电视台联合拍摄《中国当代文化名人录》，要拍钱钟书，被他婉拒了，别人告诉他将要酬谢他钱，他淡淡一笑：“我都姓了一辈子‘钱’，还稀罕这玩意儿吗？”有一个外国记者说他来到中国，有两个愿望：一是看看万里长城，二是见见钱钟书。结果，这个外国记者好不容易拨通了钱钟书家的电话，可是钱钟书不见，还说："先生，如果你看了我的书觉得还不错，你就看书好了。这就好比你吃了一个鸡蛋，觉得味道还不错的话，为什么一定要见见那个下蛋的母鸡呢？"钱钟书的大幽默、大智慧，体现了他淡泊名利的大境界。

3. 孙武——春秋时期著名军事家

孙武（前545？—前470）出身在一个世代为将的军事之家，曾祖、祖父都是齐国名将。孙武出生的当晚，在朝中为官的父亲孙书抑制不住内心的高兴赶回家中，望着襁（qiáng）褓（bǎo）中的儿子，他希望儿子将来长大后能继承和发扬将门武业，报效国家，所以孙书决定给儿子取名为"武"。武的字形由"止""戈"两字组成，武力和军事可以用来制止强暴，消灭战争，维护和平，安定百姓。孙书还给儿子取了个字，叫"长卿"。"卿"在当时是朝廷中的大官，与大夫同列。孙书为齐国大夫，他希望儿子将来能够像自己一样在朝中为官，成为国家栋梁。

孙武从小聪敏过人，勤奋好学，善于思考，而且特别尚武。每当孙书从朝中回到家里，孙武总是缠着父亲给自己讲故事，他特别爱听打仗的故事，而且百听不厌。在孙武18岁时，因齐国内乱不止，他深感无用武之地，便离开齐国到了南方的吴国。在吴国的都城梅里（今无锡），孙武过起了隐居的生活，潜心研究兵法，根据自己训练军队、指挥作战的经验，修订其兵法十三篇。后来，孙武结识了从楚国投奔到吴国的伍子胥（xū）。吴王阖（hé）闾（lǘ）为图霸业，想攻打楚国，但一时选不出合适的将领。伍子胥便向吴王推荐孙武，说孙武精通兵法韬略，"有鬼神不测之机，天地包藏之妙。"如果让孙武担任大将的话，不要说拿下楚国，就是称霸天下也不在话下。吴王阖闾从来没有听说过孙武这个人，所以对孙武并不感兴趣。伍子胥很执着，先后七次向吴王推荐孙武。吴王阖闾看了孙武的《孙子兵法》十三篇后，十分兴奋，拍案叫绝，于是让伍子胥拜请孙武出山。

为了让吴王对《孙子兵法》从理论到实践有一个真切的了解，孙武调出吴王阖闾180名宫女进行演练。孙武先是认真向宫女们宣布了训练的要求和军事纪律，宫女们嘻嘻哈哈，不以为然，完全把孙武的话当耳旁风。孙武见状，便再次强调指出："解释不明，交代不清，是将官的过错。"于是又将刚才一番话详尽地向她们解释了一遍，众女兵仍然叽叽喳喳，一直在说笑，不听指挥。这时，只见孙武第三次走到队伍的前面，非常严肃地说："解释不明，交代不清，是将官的过错；既然交代清楚而不听令，就是队长和士兵的过错了。按照军法，必须斩首。"孙武命人立即斩杀两名当队长的吴王的宠姬，吴王惊得目瞪口呆，想要阻止，孙武说："将在外君命有所不受。"两名队长被杀之后，宫女们再也不敢把军事训练当儿戏了。

4. 李耳——道家学派创始人

李耳（前571？—前471？）就是老子，老子姓李，名耳，字聃（dān）。孔子姓孔所以叫孔子、孟子姓孟所以叫孟子、庄子姓庄所以叫庄子，老子姓李，应该叫李子，他为什么叫"老子"呢？——这是因为老子一生下来就是一个81岁的老人：白头发、白眉毛、白胡须。《上元经》说老子的母亲吞下了一颗从天上掉下来的"五色珠"，然后就怀孕了。《玄妙内篇》说老子的母亲怀了九九八十一年身孕，在一棵李树下，从腋下将他产出。老子大概活了100多岁，也有人说他活了200多岁。——这是真的吗？当然不是，这只是一个传说。

司马迁在《史记》中曾经为老子做过一个传，但司马迁也弄不清楚老子究竟出生于哪一年、去世于哪一年，说老子曾经担任过"周守藏室之史"，也就是周朝国家图书馆兼国家档案馆馆长。司马迁接着写了老子两件事情：一是孔子前往周都，曾向老子请教有关礼的学问。过后，孔子用"龙"来向学生描述他所见到的老子。孔子说："鸟，我知道它能飞；鱼，我知道它能游；兽，我知道它能跑。"而老子是"驾着风而飞腾升天的，老子大概就是龙吧”。二是老子见周朝德望已经衰微，所以要离开周。他骑着青牛出函谷关时，函谷关的关令尹喜见紫气东来，果然老子到了。尹喜眼看老子要出关，便对老子说：“您就要隐居了，请为我们写一本书吧。”于是老子就写了一部《道德经》，共5000字，81章，其中《道经》37章，《德经》44章。20世纪80年代，据联合国教科文组织统计，在世界文化名著中，译成外国文字出版发行量最大的是《圣经》，其次就是《道德经》。美国《纽约时报》将《道德经》列为世界十大名著之首。

最后老子到底到哪里去了，史书没有记载。主要有两种传说：一说隐于成都青羊宫；一说与尹喜一道到流沙之西化胡（入天竺变化为佛陀，教胡人为佛教之事）去了。

5. 周公——西周初期杰出政治家

周公，姓姬，名旦，是周文王姬昌的第四个儿子，周武王姬发的弟弟。因其采邑在周，爵（jué）为上公，故称周公。周公是西周初期杰出的政治家、军事家、思想家、教育家，被尊为“元圣”，儒学的奠基人。

周武王推翻了商朝，商纣王自焚而死后，对如何处置殷商遗民和上层贵族的问题，武王一时拿不定主意。他首先问姜太公，太公说：“我听说过，爱屋及乌。如果相反，人不值一爱，那么村落里的篱笆、围墙也不必保留。”意思是不光消灭殷纣王，连敌对的殷人也要统统杀掉。周武王不同意，又找来召（shào）公商量。召公说：“有罪的杀，没罪的留下。”武王说：“不行。”于是又找来周公。周公说：“让殷人在他们原来的住处安居，耕种原来的土地。争取殷人当中有影响有仁德的人。”周公这种给以生路，就地安置，分化瓦解的政策，深得武王的赞许。

周武王由于日夜操劳，身染重病，周公极其虔（qián）诚地向祖先太王、王季、文王祈（qí）祷（dǎo）。他说：你们的元孙某得了危重疾病，如果你们欠了上天一个孩子，那就让我去代替他吧。因为你们的元孙某不如我多才多艺，不能很好地侍奉鬼神。在我们今天看来，觉得这种祈祷很可笑，可是对三千多年前相信天命鬼神的周人来说，那是十分真诚无私的。

武王在临终前愿意把王位传给有德有才的周公，并且说这事不须占卜，可以当面决定。周公泪流满面，不肯接受。武王死后，他的儿子姬诵继位，称周成王。因为成王只有十多岁，年龄太小，不能亲自处理国家政事，便由周公辅佐，处理政务。

周武王的另外两个弟弟管叔和蔡叔是野心家，他们很想篡位夺权，但又惧怕周公，于是到处散布谣言，诬陷周公企图谋害成王，夺取王位。他们与纣王的儿子武庚勾结起来，并联合东夷部族反叛周朝，阴谋篡权。成王命周公率兵镇压叛乱，周公经过 3 年的艰苦作战，终于讨平了叛乱，征服了东方诸国，同时斩杀了管叔、武庚，放逐了蔡叔。蔡叔死了以后，他的儿子胡“率德驯善”，和他的父亲大不一样。周公听到之后，便提拔他做了鲁国卿士。

周公旦摄政 6 年后，成王已经长大，周公决定还政于成王。在还政前，周公作《无逸》，以殷商的灭亡为前车之鉴，告诫成王要知“稼（jià）穑（sè）之艰难”，不要纵情于声色、安逸、游玩和田猎。周公旦退位后，把主要精力用于制礼作乐，继续完善各种典章法规。

6. 吴起——战国初期著名军事家、改革家

吴起（前 440—前 381），战国初期著名军事家、政治家、改革家，通晓兵家、法家、儒家三家思想，在内政、军事上都有极高的成就。但他极度自私，为人凶残，为了功名利禄，不忠不孝，不择手段，这是我们应该坚决批判、唾（tuò）弃的。

吴起出身于家有千金的富足家庭，但他把官位、名声看得比什么都重要，为了出名、做大官，他把千金家产都花了个精光。他母亲骂了他一顿，他赌气把自己的胳膊咬了一口，发誓说：“我得不到功名，绝不回家！”同

乡邻里的人笑话他，他就杀掉三十多个讥笑自己的人，逃出卫国。

吴起到了鲁国，拜大儒曾参为师，废寝忘食，刻苦学习。齐国大夫田居看他又勤奋又有才，便把自己的女儿嫁给了他。吴起在曾参门下学习，五六年不回家，曾参要他回家看看母亲，他说："我向母亲发过誓，混不上个功名，我绝不回家。"曾参批评他说："做儿子的哪能跟母亲发这样的誓啊。"过了不久，他母亲去世了，他竟然没有回家。曾参为此很鄙视他的为人，就和他断绝了关系。吴起于是弃儒学兵，侍奉于鲁国季孙氏门下。

吴起担任军中主帅，从来不摆架子，和最下层的士兵穿一样的衣服，吃同样的饭菜，睡觉时没有席子，行军时不骑马、不坐车，亲自背干粮。有个士兵生了恶性毒疮，吴起替他吸吮（shǔn）脓液。这个士兵的母亲听说后放声大哭。有人说："你儿子是个无名小卒，将军亲自替他吸吮脓液，你怎么还哭呢?"那位母亲回答说："不是这样的，当年吴将军替我丈夫吸吮毒疮，他在战场上勇往直前，死在敌人手里。如今吴将军又替我儿子吸吮毒疮，我不知道他会死在什么地方啊!"可见，吴起爱惜士兵的目的是让他们能够在战场上拼命，为自己立功。

据《史记·孙子吴起列传》记载，周威烈王十四年（前412），齐国进攻鲁国，鲁国国君想用吴起为将，可是因为吴起的妻子是齐国人，所以鲁君对吴起不放心。吴起由于渴望当上大将成就功名，竟残忍地杀了自己的妻子，表示自己一心忠于鲁国。鲁君任用了他，打败了齐军。但是从此以后，鲁君却不再重用他，因为他为了个人私利不择手段，令人可怕，说不定哪一天弑君谋反呢。后来，吴起又跑到了魏国、楚国，虽然功名显赫，但最终也落得一个被乱箭射杀的可悲下场。

7. 郑和——明朝著名航海家、外交家

郑和（1371—1433），原姓马，名和，小名三宝，又作三保。云南昆阳（今昆明市晋宁县）人。明朝著名航海家、外交家。

洪武十三年（1381）冬，明朝军队进攻云南，马和仅10岁，被明军副统帅蓝玉掠去南京，12岁被阉割成太监，之后被分配至朱棣（dì）燕王府。马和聪明好学，懂兵法，有谋略。在靖（jìng）难之变中，英勇善战，立下战功，成为朱棣的心腹。永乐二年（1404）正月初一，明成祖朱棣亲自御书“郑”字，赐马和郑姓，并升任内官监太监，官至四品，地位仅次于司礼监。郑和有德有才，知兵习战，明成祖对他十分信赖。宣德六年（1431），被封为三宝太监。

1405年7月11日（永乐三年）明成祖命郑和率领庞大的240多艘海船、27 000多名船员组成的船队远航。从1405年到1433年的28年间，郑和7次奉旨率队远航，航线从西太平洋穿越印度洋，直达西亚和非洲东岸，途经30多个国家和地区。郑和7次航行的规模之大，人数之多，组织之严密，航海技术之先进，航程之长，在当时世界上是无与伦比的。郑和的航行比哥伦布发现美洲大陆早87年，比麦哲伦早114年。

郑和晚年退居南京碧峰寺，特意定做了金铜佛像12躯、木雕罗汉18尊，准备在最后一次出洋归来后，一并奉入寺内。不料夙（sù）愿未偿，宣德八年（1433）四月，郑和在印度西海岸古里染病去世，赐葬南京牛首山。

郑和是世界历史上伟大的航海家，郑和七下西洋是世界航海史上伟大的壮举。经中华人民共和国国务院批准，自2005年起，每年的7月11日（系取郑和首次下西洋之日期1405年7月11日）被定为中国航海日，并规定全国所有船舶鸣笛挂彩旗。

郑和身为太监，却有后代，这是因为郑和将自己长兄马文铭的儿子过继为嫡，取名郑文铭，字恩来，世袭锦衣卫千户。郑和后裔（yì）至今已传至第21代，有两大支系，一个支系的后裔在江苏南京，另一个支系的后裔在云南，还有一个分支在泰国清迈。泰国支系是清朝末年，郑和第15世孙郑崇林离开云南玉溪老家旅居泰国清迈，现有后裔30多人。

8. 王羲之——东晋著名书法家

王羲之（321—379），字逸少。东晋著名书法家，被后人誉为“书圣”。王羲之出身于琅（láng）琊（yá）名门望族，也就是唐代诗人刘禹锡诗“旧时王谢堂前燕，飞入寻常百姓家”中的王氏家族，堂伯父王导官至太尉，父亲王旷官淮南太守。王羲之童年时代，常随母亲从乡下到无锡城里看望堂伯父王导，深受王导宠爱。14岁时，家族助晋室南渡建立东晋于建康（今南京市）。16岁时，被太尉郗（xī）鉴相中为“东床快婿”。先后担任江州刺史、右军将军、会（kuài）稽内史等。

王羲之7岁练习书法，12岁时把父亲密藏在枕中的前代书法论著偷来阅读，边读边练。其书法先师承女书法家卫夫人，后又学张芝、钟繇（yáo）。王羲之练字可以说达到了忘我的地步，就连吃饭走路都在揣摩字的结构，不断地用手在身上划字练习，久而久之，衣襟也磨破了。他每天坐在池子边练字，一日复一日，不知写完了多少墨水，写坏了多少笔头，每天练完字就在池水里洗笔，天长日久竟将一池水都洗成了墨色，这就是人们今天在绍兴西街戒珠寺看到的传说中的墨池。终于功夫不负有心人，有一次，他为人写一块匾，在木板上写了几个字样，送去叫人雕刻。刻工非常惊奇，王羲之写的字，笔力竟然渗入木头三分多。他赞叹地说：“右军将军的字，真是入木三分呀！”——这就是“入木三分”典故的来历。

东晋永和九年（353）农历三月初三，王羲之同谢安、孙绰等41人集会，在绍兴兰亭饮酒赋诗，大家公推王羲之为当日所作《兰亭集》写一篇序。王羲之酒意正浓，挥毫而就，写得十分得意。全文28行，324字。其中有20多个“之”字，写法各不相同。王羲之对这件作品非常满意，后来曾重写8遍，都达不到这种境界。唐太宗极其推崇王羲之，不仅亲自为《晋书·王羲之传》撰（zhuàn）赞辞，而且还命人临摹数本副本，分赐亲近贵臣。唐太宗驾崩以后，以真迹殉葬于昭陵。王羲之无真迹传世，现存作品均为摹本。宋代著名书法家米芾（fú）称王羲之《兰亭集序》为“天下第一行书”。

9. 冯谖——战国时期著名战略家

冯谖（xuān），战国时齐国人。先前冯谖因穷困潦倒，养活不了自己，便托人转告孟尝君，愿意在他门下当食客。孟尝君问他有什么爱好，他回答说没有什么爱好。孟尝君又问他有什么才能？他回答说也没有什么才能。孟尝君笑了笑，但还是接受了他。孟尝君手下的人瞧孟尝君看不起冯谖，就供给他粗劣的饭菜。按照孟尝君的惯例，门客按能力分为三等：上客吃饭有鱼，外出乘车；中客吃饭有鱼，外出无车；下客饭菜粗劣，外出自理。

过了没多久，冯谖靠着柱子，弹着自己的佩剑，唱道：“长铗啊，我们回去吧，吃饭没有鱼。”左右的人把这事告诉了孟尝君。孟尝君说：“给他鱼吃吧，比照鱼客的标准。”又过了一段时间，冯谖弹着他的剑，唱道：“长铗啊，我们还是回去吧！出行连车都没有。”左右的人都取笑他，并把这话告诉了孟尝君。孟尝君说：“给他配车吧，比照车客的标准。”于是冯谖坐着车子，举着宝剑，去拜访他的朋友，十分高兴地说：“孟尝君把我当客人对待。”此后不久，冯谖又弹着他的剑，唱道：“长铗啊，咱们还是回去吧，在这儿无法养家。”左右的人都开始厌恶他，认为他贪得无厌。孟尝君得知后问：“冯先生家里还有人吗？”回答说：“有一位老母。”孟尝君就派人供给冯谖的母亲吃用。这样，冯谖就不再唱歌发牢骚了。

后来，孟尝君出了一个通告询问他的门客：“谁熟习会计方面的事务，能替我到薛地收债务？”冯谖报名说：“我能。”孟尝君见了名字感到很惊奇，问：“这是谁呀？”左右的人说：“就是那个弹剑唱歌的人。”

冯谖临行时，问孟尝君收了债，需不需要为您买点什么回来。孟尝君说，你看我家缺什么，就买点什么吧。冯谖到了薛城，先是派官吏把该还债务的百姓找来核验契据，然后假托孟尝君的命令，把所有的契据当众烧毁，一切债务全部勾销。当地的百姓大感孟尝君的恩德，高呼“万岁”。冯谖回到齐都交差，孟尝君问他买了什么回来，冯谖回答说：“您曾说‘看我家缺什么就买什么’，我想珍珠宝贝、骏马美女，您都不缺；您家里所缺的应该是‘仁义’，所以我就用债款为您买回了‘仁义’。”孟尝君当时心中虽然有些不高兴，认为没有必要这样做，但也没有责怪他。

过了一年后，齐王听信谗言，让孟尝君交出相印，退隐薛城。孟尝君离京去薛时，百姓出城十里远迎。消息传回京城，齐王深悔自己不察，迎回孟尝君当面致歉。由于冯谖的远见，使孟尝君避免了一场政治波折，并得以巩固自己的地位。

10. 陈子昂——初唐著名诗人

陈子昂（661—702），字伯玉，唐代著名诗人。梓（zǐ）州射洪（今四川射洪县）人。因曾任右拾遗，故后世称陈拾遗。陈子昂青少年时轻财好施，慷慨任侠。成年后始发愤攻读，博览群书。24 岁中进士，因上书论政受到武则天赏识，授麟台正字，后升任右拾遗。后因“逆党”反对武则天株连而下狱。在 26 岁、36 岁时两次从军边塞，多次进谏，未被采纳，反而被斥降职。38 岁那一年，因父亲年老辞官还乡。父死居丧期间，权臣武三思指使射洪县令段简罗织罪名，加以迫害，使之冤死狱中，时年 42 岁。在诗歌创作上，陈子昂极力反对初唐浮艳诗风，力主恢复汉魏风骨，其诗风格朴质，激越苍凉，被誉称为“诗骨”。代表作有《登幽州台歌》《感遇》诗 38 首。

有一年，陈子昂离开家乡来到京城长安，虽然他饱读诗书，才华横溢，却无人赏识。这天，陈子昂在街上闲逛，忽然看见一位老者在街边吆喝：“上好的古琴，稀世之宝，知音者快来买呀！”陈子昂走过去，看看这琴确实是把好琴，便对老者说：“老伯，我想买这把琴，你老出个价吧……”老者把陈子昂打量一番后说：“先生果真想买这把琴吗？我看先生举止不俗，定非寻常之辈，实话对你说，别人买不能少于三千钱，先生若买就两千钱吧。只要这把琴寻到真正知音之人，能够物尽其用，老朽也就心安了……”其实，一把琴两千钱在当时也是天价了，陈子昂却毫不犹豫买下了这把琴。围观的人见这位书生花这么多钱买了一把古琴，都觉得这“琴”、这“人”都不同凡响！陈子昂看看众人说：“在下陈子昂，略通琴技，明天我要在寓所宣德里为大家演奏，敬请各位光临……”

这件事很快就传开了，第二天一大早，很多人都来听琴，其中不乏文人骚客，各界名流。陈子昂抱琴出场，对观者抱拳一揖（yī）道：“感谢各位捧场，但我陈子昂弹琴是假，摔琴是真！”话音刚落，陈子昂将琴高高举起，当众“啪”地往地上一摔，立刻弦断琴碎，把众人惊得个个目瞪口呆！陈子昂朗声笑道：“我陈子昂自幼刻苦攻读，经史子集烂熟于心，诗词歌赋无所不通，但却处处遭人冷遇……”说罢，陈子昂从箱子里取出大叠诗词文稿，分送给在场的人。在场的一些名流看了陈子昂的诗文后，个个赞叹不已，这一首首诗、一篇篇文章果然字字珠玑，精美绝伦！于是，陈子昂的名字和他的锦绣诗文便在京城传开了！从此，陈子昂的住所每日来访者络绎不绝，后来，陈子昂的诗名传到了朝廷，这位才华出众的诗人终于得到了重用。

11. 褚遂良——唐朝著名政治家、书法家

褚（chǔ）遂良（596—658），字登善，唐朝政治家，书法家。父亲褚亮，为秦王李世民文学馆十八学士之一。

褚遂良博学多才，精通文史。贞观三年（629），唐太宗下诏书，想把隋末战乱时期的战场改修为庙宇，一是超度在战争中的亡灵，二则是立碑纪念战役的胜利，并颁布了负责此事的人员名单，其中就有年仅33岁的褚遂良。贞观十二年（638），大书法家虞世南逝世，这使酷爱书法的唐太宗非常伤感，叹息说：“虞世南死，无与论书者！”魏征便把精于书法的褚遂

良推荐给了唐太宗，唐太宗即刻命他为“侍书”。唐太宗曾广泛收集王羲之的法帖，天下人争相进献，但真伪难辨。唐太宗便把内府所藏王羲之墨迹一一拿给褚遂良鉴别真伪，他无一误断，使得没人再敢拿赝（yàn）品来邀功。褚遂良得到了唐太宗极大的欢心与信任。贞观十七年（643），太子李承乾以谋害魏王泰罪被废，褚遂良与长孙无忌说服太宗立第九子晋王李治为太子。次年，褚遂良被任命为黄门侍郎，参与朝政。后任谏议大夫、中书令等职。贞观二十三年（649），病重的太宗在弥留之际，将长孙无忌与褚遂良召入卧室，对二人说：“朕之后事，一以委卿。”褚遂良与长孙无忌同被召为顾命大臣辅政。然后太宗又对太子李治说：“无忌、遂良在，国家之事，汝无忧矣。”

唐高宗时，褚遂良历任吏部尚书、同中书门下三品、太子宾客等职。公元654年左右，曾经一度削发为尼的武则天成为李治的妃嫔，并封为“昭仪”，得到高宗的宠幸，也得到一些大臣的支持。显庆元年（656），唐高宗欲立武则天为皇后，褚遂良与长孙无忌坚决反对，尤其是褚遂良把上朝的笏（hù）板扔在台阶上，把官帽也摘了，以头叩地，鲜血直流……这使唐高宗大为恼火，让士兵把他强行拉了出去，而坐在皇帝后边的武则天更恨不得立刻将他处死。最终被贬潭州（长沙）都督。显庆三年（658）死于任所。在他死后的两年多时间里，武则天等人仍然没有放过他，一方面把他的官爵削掉，另一方面把他的子孙后代也流放到他死的地方。直到神龙元年（705），即褚遂良死后46年，他才得到平反。

12. 卫青——西汉抗击匈奴名将

卫青（？—前106），字仲卿，河东平阳（今山西临汾市）人。西汉抗击匈奴的名将，汉武帝第二任皇后卫子夫的弟弟，官至大司马大将军，封长平侯。卫青首次出征奇袭龙城，揭开汉匈战争汉朝反败为胜的序幕，曾七战七胜，为开拓北部疆域做出了重大贡献。

卫青出身奴隶，其母在平阳公主家做女仆，因丈夫姓卫，故称卫媪（ǎo）。卫青是卫媪与平阳公主家小吏郑季私通所生。后卫媪将他送到郑家，郑家竟以奴仆相待。卫青长大后不愿在郑家为奴，便回到母亲身边，改姓卫。平阳公主看到卫青已经长成一个相貌堂堂的彪形大汉，就让他做了自己的骑奴。每当公主出行，卫青就骑马相随。公元前139年，姐姐卫子夫被选入宫，卫青也被召到建章宫当差。

卫子夫有了身孕，遭到陈皇后嫉妒，但卫子夫正受宠，陈皇后不敢加害卫子夫，向母亲大长公主诉屈。大长公主为了给女儿出气，就嫁祸卫青。找茬（chá）将卫青抓了起来，并准备处死。卫青当骑奴时好友公孙敖得知消息，便召集几个壮士，把卫青救了回来。公孙敖派人告知汉武帝，汉武帝大怒，索性召见卫青，并提拔。公元前129年，匈奴来犯，汉武帝任命卫青担任车骑将军。卫青首次出征，就斩杀敌首700余人。而另外三路人马，两路失败，一路无功而返。卫青被封为关内侯。

汉朝，左右朝政的外戚大多是靠裙带关系身居高位，而卫青却是凭借自己的功绩升职，即使姐姐失宠，他在朝廷的地位也未受影响。第二次出征，斩敌数千人；第三次又斩敌数千人；第四次又大胜而归。这时，平阳公主寡居，要在列侯中选择丈夫，许多人都说卫青合适。平阳公主笑着说："他是我从前的下人，过去的随从，怎么能做我的丈夫呢？"左右说："大将军今非昔比了。"汉武帝知道后，当即允婚。卫青位极人臣，仍然敬重贤才，从不以势压人。汉武帝希望群臣见大将军行跪拜之礼，汲（jí）黯（àn）却依然行揖礼，卫青还经常向汲黯讨教国家大事，非常尊重汲黯。对外辱强敌，卫青有力回击；对待同仁，则谦和仁让。出将入相，气度宽广。后来，霍去病的地位超过了卫青，卫青门前冷落，但他并不失落，心甘情愿地过着恬淡平静的生活。

13. 蒋廷锡——清代著名画家、学者

蒋廷锡（1669—1732），一生兼官吏、画家、学者、诗人等多重身份。

他是清代一位通晓为官之道、体恤民情的封建官吏。出生于官宦世家，清康熙四十二年（1703）进士，授翰林院编修，雍正年间曾任礼部侍郎、户部尚书、文华殿大学士、太子太傅等职，从编修、讲官等文职，多次升迁，成为雍正时期位高权重的名臣。他60岁的时候，不但担任文华殿大学士之职，还加太子太傅、身兼户部事。他在任期间，能够秉公行政，消除旧弊，关心民生疾苦，得到了百姓的拥护和朝廷的赞誉，是一个封建社会的好官。

他是清代著名画家，尤其擅长花鸟画。清初恽（yùn）寿平在花鸟画坛由兴到衰，蒋廷锡学其没骨画技，变其纤丽之风，开创了根植江南、倾动京师的“蒋派”花鸟画。他的花鸟画自然、生动，风神韵致，自成一格。曾画过《塞外花卉》70种，被视为珍宝收藏于宫廷。他的传世作品《竹石图》轴，现藏于中国美术馆；《花卉图》卷，现藏于南京博物院。

他是清代一个博古通今的学者，著名文献学家、藏书家，曾任《明史》总裁及《佩文韵府》《康熙字典》《古今图书集成》等典籍总纂官，为保存和整理我国古代文献付出了毕生精力，做出了杰出贡献。康熙逝世，雍正下令经延讲官、户部尚书蒋廷锡重新编校《古今图书集成》。蒋廷锡把陈梦雷的名字涂掉，写上自己的名字，他重编的《古今图书集成·医部》，共收医书520卷，采集历代名医著作，成为中医学类书之冠。

他还是中国清代一位颇有才华的诗人，是宋荦（luò）所称赏的“江左十五才子”之一，被前辈诗人钱陆灿称为“机杼（zhù）于子美而纵横出入于香山、东坡、山阴之间”，是“无所不学焉，无所不舍焉”能够“崭然自成”，“善学”而“早悟”的后起之秀。写有许多诗作，有诗集《青桐轩秋风集》《片云集》《西山爽气集》等，包括投赠诗、题画诗、送别诗、纪游诗、闲情诗、怀古诗等各种题材。

14. 沈括——北宋百科全书式的科学家

沈括（1031—1095），字存中，号梦溪丈人。浙江杭州人。北宋政治家、科学家。沈括出身于仕宦之家，祖父曾任大理寺丞，外公许仲容曾任太子洗马，母亲许氏是一个有文化教养的妇女。沈括自幼勤奋好读，在母亲的指导下，14 岁就读完了家中的所有藏书。后跟随父亲沈周宦游各地，增长了不少见闻。

沈括从小就对天文、地理等有着浓厚的兴趣，勤学好问，刻苦钻研。《宋史·沈括传》称他“博学善文，于天文、方志、律历、音乐、医药、卜算无所不通，皆有所论著”。在天文学方面，他曾制造出我国古代观测天文的主要仪器——浑天仪；他提倡的新历法，与今天的阳历相似。在物理学方面，他发现了地磁偏角的存在，比欧洲早四百多年；他记录下了布衣毕昇发明的活字印刷术和水手们航海用的指南针，中国“四大发明”中的两大发明正是靠沈括的记录而扬名于世的。在数学方面，创立了“隙积术”、“会圆术”，为此日本数学家三上义夫曾给予他极高的评价。在地质学方面，他对冲积平原形成、水的侵蚀作用等都有研究；最早提出“石油”一词的是沈括，最早描绘石油形态与开采过程的也是沈括，最早用石油烟尘代替松烟制墨的还是沈括。他笔下的“延州石油”如今已形成我国著名的长庆油田。在医学方面，他有多部医学著作。

沈括所著《梦溪笔谈》，内容十分丰富，包括天文、历法、数学、物理、化学、生物、地理、地质、医学、文学、史学、考古、音乐、艺术等共 600 余条。其中有 200 条左右属于科学技术方面，记载了他的许多发明、发现和真知灼（zhuó）见。《梦溪笔谈》不仅是我国古代的学术宝库，而且在世界文化史上也有着重要的地位。英国科学史家李约瑟称《梦溪笔谈》为“中国科学史上的坐标”和“中国科技史上的里程碑”。沈括是一个科学通才，百科全书式的科学家。为了纪念他，中国科学院紫金山天文台将该台在 1964 年发现的一颗小行星命名为“沈括”。

15. 韩信——西汉开国功臣、著名军事家

韩信（前 231？—前 196？），淮阴（今江苏省淮阴区）人，西汉开国功

臣，中国历史上杰出的军事家，与萧何、张良并列为“汉初三杰”。

早年家贫，常在别人家寄食。秦末参加反秦斗争投奔项羽，数次献策，未得重用。后经萧何推荐，韩信投奔刘邦。韩信最初并未被汉营重用，后因涉嫌犯法被判斩首之刑，行刑时，已有13人被斩，临到韩信，他见到夏侯婴，便说：“君上不是想得到天下吗？为何要斩壮士呢？”夏侯婴感到惊奇，便放了韩信，并向刘邦推荐。刘邦任韩信为治粟都尉，但韩信并不满足于此。

韩信与萧何谈话数次，萧何对他印象深刻。韩信估计萧何已向刘邦推荐自己，却迟迟没有音讯，感到不受重用，于是离开汉营，准备另投明主。萧何闻讯，认为韩信如此将才不能轻易失去，于是不及通知刘邦便策马追回了韩信。起初，刘邦听说萧何逃出，十分惊恐，后来听说他是为了追韩信，于是问他：“这么多人逃回东方，你都不追，为何单单追韩信？”萧何于是向刘邦再次推荐韩信，说：“那些逃走的将军们是很容易得到的，至于韩信这样的英才，天下绝对找不到第二个！”刘邦于是拜韩信为大将。

在楚汉战争中，韩信率军出陈仓、定三秦、擒魏、破代、灭赵、降燕、伐齐，直至垓（gāi）下全歼楚军，逼项羽自刎，无一败绩。韩信被后人奉为“兵仙”“战神”。楚汉时期的人们，评价韩信为“国士无双”“功高无二”。关于韩信的典故和成语有很多。

“韩信点兵，多多益善”讲的是：有一次刘邦曾问韩信：“你觉得我可带多少兵？”韩信回答说：“最多十万。”刘邦问：“那你呢？”韩信答：“多多益善，越多越好。”刘邦有些不高兴，问：“那我不是打不过你了？”韩信道：“不，主公是驾驭（yù）将军的人才，不是驾驭士兵的。”

“漂（piǎo）母进饭”说的是：韩信早年穷困潦倒，淮阴一个洗衣妇人（漂母）曾给他饭吃。韩信表示将来一定报答。漂母怒道：“大丈夫连自己都养不活，我是可怜你才帮你，哪里是为了报答！”韩信被封为楚王后，回到淮阴，找到了漂母，给了她一千两黄金。

“胯下之辱”说的是：淮阴市井有一个喜欢生事的人，对韩信说：看你一直带着剑，但我猜你是个胆小鬼。你有胆量就刺我一剑，没胆量就从我胯下爬过去。韩信看了这人很久，最后就从这人胯下爬过去了。韩信封楚王后，找到了这个人，封他为中尉，并对众人说："这是一个壮士。当年他侮辱我时，难道我不能杀他？杀了他也不会扬名，所以就忍了下来，我是为了做大事啊！"

16. 杨坚——隋朝开国皇帝

杨坚（541—604），隋朝开国皇帝。其父杨忠是西魏和北周的军事贵族，北周武帝时官至柱国大将军，封为随国公，杨坚承袭父亲的爵位，后来又晋封为随王，因此新王朝最初定名为"随"，后改成了"隋"。

当初，由于杨坚长有奇貌，本领高强，北周武帝宇文邕（yōng）想除掉他，问计于来和，来和也觉杨坚不凡，但他想为自己留一条后路，便谎称："杨坚这人是可靠的，如果皇上让他做将军，带兵攻打陈国，一定能攻下来。"宇文邕还是放心不下，暗里又派人请相士赵昭偷偷为杨坚看相。赵昭与杨坚友善，当着宇文邕的面假装观察杨坚面相，然后毫不在意地说："皇上，请不必多虑，杨坚的相貌极其平常，不可能大富大贵，最多不过是个大将军罢了。"这时，内史王轨又劝谏宇文邕说："杨坚貌有反相。"言下之意希望及早除掉杨坚。因为宇文邕对相士赵昭的结论相信无疑了，便不悦地说："要是真的天命所定，那有什么办法啊？"

宇文邕死后，其子宇文赟（yūn）即位。杨坚的长女被封为皇后，杨坚又晋升为柱国大将军、大司马。宇文赟对杨坚的疑心更大，他曾直言不讳地对杨皇后说："我一定要灭掉你们全家"。并命内侍在皇宫埋伏杀手，再三叮嘱说："只要杨坚有一点无礼声色，即杀之！"然后他把杨坚召进皇宫，议论政事。杨坚几经化险为夷，心中早有准备，不管宇文赟怎样激怒他，怎样蛮不讲理，杨坚都神色自若，宇文赟无杀机可乘。最后，杨坚想出了"两全"之策，通过老同学、内史上大夫郑译向宇文赟透露出自己久有出藩之意。这正合宇文赟之心，当即便任命他为扬州总管。这样宇文赟放心了，杨坚也安心了。

宇文赟是皇家世袭之君，不问朝政，沉溺酒色，满朝文将敢怒不敢言。宇文赟不但不听劝告，反而想出了一个更逍遥自在的招，将皇帝让给年仅6岁的儿子。自称天元皇帝，住在后宫，终日与嫔妃宫女们淫乐，年仅22岁就丧命了。只有7岁的周静帝即位，周宣帝的岳父杨坚以大丞相的身份“辅政”。581年3月3日杨坚废周静帝为介公，北周灭亡，杨坚自立为皇帝，改国号为隋。587年10月，废西梁后主萧琮（cóng），西梁亡。589年2月，活捉陈叔宝，陈朝灭亡。

杨坚建立隋朝，结束了自西晋末年到隋统一前280多年的分裂割据状态，实现了自秦汉以来中国的又一次统一；他首次实行了一直沿袭到清朝的三省六部制；他开创了科举；他制定了当时最为先进并影响后世基本立法的律法《开皇律》。杨坚是西方人眼中最伟大的中国皇帝之一，被尊为“圣人可汗”。

17. 朱元璋——明朝开国皇帝

朱元璋（1328—1398），出身于安徽凤阳一个贫苦农民家庭，世代务农。父亲朱世珍，母亲陈氏。朱元璋上有三个哥哥，两个姐姐，兄弟排行第四。家族兄弟排行第八，所以幼名朱重八（大哥南昌王朱兴隆原名朱重五、二哥盱（xū）眙（yí）王朱兴盛原名朱重六、三哥临淮王朱兴祖原名朱重七），后改名元璋，字国瑞，明朝开国皇帝。

朱元璋从小营养不良，瘦得皮包骨头。家贫无法读书，从小就给地主放牛为生。元至顺四年（1344），淮河流域旱灾、蝗灾、瘟疫接踵（zhǒng）而至。父母、大哥、大哥的儿子相继去世。二哥出外逃荒，朱元璋到皇觉寺当了和尚。因寺中无余粮，朱元璋只做了几十天和尚，便被打发出门，云游四方，化缘度日。4年后才又回到寺中。

1352年，朱元璋投奔红巾军郭子兴部，机敏勇敢，郭子兴将养女马氏嫁给了他。后朱元璋自己拉起人马，割据一方。1356年攻占集庆路，将其改名应天府。先灭陈友谅，后灭张士诚。1367年，张士诚在金陵自缢身亡。1368年朱元璋击破各路农民起义军后，在应天府称帝，国号大明，年号洪武。金庸《倚天屠龙记》写明教与元朝势不两立。韩山童被推为明王，被杀后，其子韩林儿被推为小明王。朱元璋实是韩林儿的部将，韩林儿后坐船落水而死。“大明”承继小明王而来。朱元璋登基后，下令禁止一切邪教。

朱元璋非常勤政和节俭。从登基到去世，他几乎没有休息过一天。据史书记载，从洪武十八年（1385）九月十四日至二十一日，8天之内，朱元璋批阅奏札共1660件，处理国事共3391件，平均每天要批阅奏札200多件，处理国事400多件。朱元璋称帝后修建宫室，只求坚固耐用，不求奇巧华丽，还让人在墙上画了许多历史故事，以提醒自己。朱元璋每天早饭，“只用蔬菜，外加一道豆腐”。他所用的床，并无金龙在上，与一般人家的卧榻没有什么区别。他命工人给他造车子、造轿子时，按规定应该用金子的地方，都用铜代替。主管的官员报告说用不了很多黄金，朱元璋却说，他不是吝惜这点黄金，而是提倡节俭，自己应率先垂范。朱元璋还在宫中命人开了一片荒地来种菜吃。

18. 秦越人——中医学的“开山鼻祖”

秦越人（前407—前310），姬姓，秦氏，名越人，又号卢医。春秋战国时人。因医术高超，所以当时人们就借用传说中黄帝时神医“扁鹊”的名号来称他。卢医是指他出生在卢国。相传有名的中医典籍《难经》为扁鹊所著。

扁鹊少年时期在故里做过舍长，也就是旅店的主人。当时在他的旅舍里有一位长住的旅客叫长桑君，他俩交往密切，感情融洽。有一天，长桑君对扁鹊说："我掌握着一些秘方验方，现在我已年老，想把这些医术及秘方传授给你，你可要保守秘密，不可外传。"扁鹊高兴地答应了，并从此刻苦钻研，精益求精。他在前人医疗经验的基础上创造总结出了望（看气色）、闻（听声音）、问（问病情）、切（按脉搏）四大诊病法，成为中医脉学的倡导者，被尊为医祖。

秦武王与武士们进行举鼎比赛，不觉伤了腰部、疼痛难忍，吃了太医令李醯（xī）的药，不见好转，并且更加严重。有人将神医扁鹊已来到秦国的事告诉了武王，武王传令扁鹊入宫。扁鹊看了看了武王的气色，按了按他的脉搏，用力在他的腰间推拿了几下，又让武王自己活动了几下，武王立刻感觉好了许多。接着扁鹊又让武王服了一剂汤药，其病状就完全消失。武王大喜，想封扁鹊为太医令。李醯知道后，便在武王面前极力阻挠，称扁鹊不过是"草莽游医"，武王半信半疑，但没有打消重用扁鹊的念头。

一天，秦武王生病，召扁鹊来治，太医令李醯和一班文武大臣赶忙出来劝阻，说什么大王的病处于耳朵之前、眼睛之下，扁鹊未必能除。万一出了差错，将导致耳不聪、目不明。扁鹊听了气得把治病用的砭（biān）石一摔，对秦武王说："大王同我商量好了除病，却又允许一班蠢人从中捣乱；假使你也这样来治理国政，那你一举就会亡国！"秦武王听了只好让扁鹊治病。结果太医令李醯治不好的病，到了扁鹊手里，却化险为夷。于是，李醯决定除掉扁鹊这个心腹之患，派了两个刺客，想刺杀扁鹊，却被扁鹊的弟子发觉，暂时躲过一劫。扁鹊只得离开秦国，他们沿着骊（lí）山北面的小路走，李醯派杀手扮成猎户的样子，半路上劫杀了扁鹊。

19. 尤侗——明末清初著名诗人、戏曲家

尤侗（tǒng）（1618—1704），字展成，号良斋、西堂老人、梅花道人等，江苏苏州人。明末清初著名诗人、戏曲家。曾被顺治帝誉为"真才子"，被康熙帝誉为"老名士"，被时人比作"李白"。

尤侗出身于世代书香人家，自称“簪（zān）缨不绝”。从小天资聪颖，勤奋好学，5岁时就跟随父祖学习“四书五经”，以及《史记》《离骚》等。博闻强记，闻名乡里，被人称为“神童”，并入学为诸生。

顺治三年（1646）副榜贡生，可惜六入考场，皆名落孙山。顺治九年（1652）授永平（今河北卢龙）推官。曾在衙署门柱上撰写了一副楹联：“推论官评，有公是，有公非，务在扬清激浊；析理刑法，无失入，无失出，期于扶弱锄强。”顺治十三年（1656）春，他以大清典律杖责鱼肉乡里的“旗丁”后，反遭弹劾（hé），刑部以“擅责投充”，例应革职，改为降二级调用。尤侗不等降级调用，便愤然辞官，当年七月偕同妻儿返回故里，“拜见父母，悲喜交集”。决定从此收心归隐，自号“晦庵”，将居处改为“看云草堂”，取杜甫“年过半百不如意，明日看云还杖藜”之诗意。

尤侗精通南曲（昆曲）北曲，以一腔忧愤创作了许多剧本，杂剧有《读离骚》《吊琵琶》《桃花源》《黑白卫》《清平调》五种，传奇有《钧天乐》，均在顺治十三年至康熙七年间完成。

康熙十八年（1679）应诏入选博学鸿词科，以二等十二名授翰林院编修，参修《明史》，分撰列传300余篇、《艺文志》5卷。康熙二十一年（1682）长子尤珍高中进士，完成了他一生未了的“科名”夙（sù）愿，于是慨然引退：“知足不辱，知止不殆。吾年逾六十，子幸成名，可以休矣！”康熙二十二年（1683）在史局以撰述第一的成就退休回乡，归隐苏州亦园。书斋名为“西堂”，故自号“西堂老人”。后在苏州城滚绣坊建有园林，面积约十亩，定十景名为：南园春晓、草阁凉风、葑（fēng）溪秋月、寒村积雪、绮陌黄花、水亭菡（hàn）萏（dàn）、平畴禾黍、西山夕照、层城烟火、沧浪古道。

康熙三十八年南巡，尤侗年近八旬仍亲迎于道，三月十八日恰逢康熙帝诞辰，作《万寿词》以祝寿，“上嘉焉，赐御书‘鹤栖堂匾额”。康熙四十二年再度南巡，尤侗晋为侍讲。次年6月，尤侗病逝于家中。

20. 许慎——中国文字学的开拓者

许慎（58？—147？），字叔重，东汉汝南召陵（现河南省漯（luò）河市）人。著名文字学家、语言学家、经学家，他是中国历史上第一个研究汉字的人，是中国文字学的开拓者，被誉为“字圣”。

许慎从小忠厚淳朴，博览群书，精通各种经书典籍，被人赞赏为“五经无双许叔重”。年轻时曾拜当时著名经学大师贾逵为师，在恩师的指导下，刻苦学习，勤于钻研，学识渊博。他于东汉和帝永元十一年（100）开始编著《说文解字》，到汉安帝建光元年（121），历经21年，终于完成。这时，许慎已经卧病在床，无法亲自向皇帝呈上自己著的书，于是他便让儿子许冲代替自己将《说文解字》进献给了汉安帝。许慎死后葬于河南省漯河市召陵区姬石乡许庄村东，墓高15尺，直径48尺。1986年，许慎墓被河南省人民政府公布为河南省重点文物保护单位。

《说文解字》，简称《说文》，我国第一部按部首编排的字典。初读《说文》，要借助一本好的注释。历史上对《说文解字》注释最详尽、最受称道的当推清代著名文字学家段玉裁（1735—1815）的《说文解字注》。

《说文解字》段注共三十卷，阐发了《说文解字》的体例，使简奥的原本呈现出清晰的脉络。在考求字义时，注重形、音、义的互相推求，综合分析，于许慎析义的基础上，订正误说，大加扩展，旁征博引，所引之书达226种之多。

二、《弟子规》：中华弟子故事

1. 李毓秀与《弟子规》

李毓（yù）秀（1662？—1722？），字子潜，号采三。生于清代康熙年间，卒于乾隆年间，具体生卒年不详。一般认为他生于1662年，卒于1722年，活了60岁；但也有人认为他活了83岁，具体依据不详。两种说法前后相差20多年，这说明他只是个小人物，当时社会对他没有明确的记载。

李毓秀获得的最高学历只是个秀才，没有考上举人，更不用说进士了。虽然他没能做成官，但他是一个很有学问的人，对《大学》和《中庸》很有研究，是个了不起的学者，被人尊称为李夫子。后来，他创办了一所私塾，取名敦复斋，来听他课的人很多，门外满是脚印。太平县御史王奂曾多次向他请教，十分佩服他的才学。称李毓秀为清初杰出的教育家，是一点也不为过的。

后来，李毓秀根据传统对童蒙的规范和要求，也结合自己教书的实践，写成了一部教育孩子、启蒙孩子的书，叫《训蒙文》。“训”就是“训导”，“蒙”就是“启蒙”。再后来，有一位叫贾存仁（也有人说是贾有仁）的人，在《训蒙文》的基础上经过修订，改名为《弟子规》。所谓“弟子规”，就是孩子应该遵守、遵循的基本规矩、规范。《弟子规》全书以《论语·学而》中的“弟子，入则孝，出则悌（tì），谨而信，泛爱众，而亲仁。行有余力，则以学文”开篇，三字一句，以韵语的文字形式，对儿童言行举止提出要求，教孩子应该怎样说话处世、待人接物，其核心思想是孝悌仁爱。《弟子规》全文360句，共1080字。文字浅显易懂，押韵顺口，朴实无华，说理深透。从清代中后期开始，这本书就成为广为流传的儿童读本和启蒙读物，几乎与《三字经》《百家姓》《千字文》有同等影响。

2. “宗圣”曾子

曾子（前505—前435），名参，字子舆。春秋末期鲁国武城人。父亲曾点（字皙），母亲上官氏。16岁拜孔子为师，勤奋好学，颇得孔子真传。曾子是儒家正统思想的正宗传人，他把孔子的思想和学问授给弟子，传说他又将孔子的言行整理成《论语》，著有《大学》《孝经》《曾子十篇》等。曾子被后世尊奉为“宗圣”，与孔子（至圣）、孟子（亚圣）、颜回（复圣）、子思（述圣）并称“五大圣人”。

据“二十四孝”记载：曾子小时候，家里很贫穷，常常上山打柴。有一天，家里来了客人，母亲不知所措，就用牙咬自己的手指。这时，正在山上砍柴的曾子忽然觉得一阵心疼，他感觉到一定是母亲有紧急事情在呼唤自己，便急忙背着柴返回家中，跪着问母亲到底发生了什么事。母亲说：“有客人忽然到来，我不知怎么叫你回家，便用牙咬手指，希望你能感应到，迅速回家。”曾参明白了原委，便赶快去接见了客人。

据《韩非子·外储说》记载：曾子的妻子要到集市上去，他的儿子哭闹着要跟着去。曾妻便对孩子说：“你先回家吧，待会儿我回来杀猪给你肉吃。”过了一阵子，曾妻从集市上回来了，曾子就要去杀猪。曾妻劝止丈夫说：“我只是跟孩子开个玩笑，哄哄孩子，你怎么当真了？”曾子严肃地说：“可不能跟孩子开这样的玩笑啊！小孩子没有思考和判断能力，不知道这是在开玩笑，父母说什么他就听什么。如果你现在欺骗孩子，实际上就是教孩子将来也欺骗人！这不是教育孩子的方法啊！”于是，曾子就杀了猪煮了肉给孩子吃。

据《孝经》记载：曾子是孔子的弟子，有一次他在孔子身边侍坐，孔子问他：“古代圣贤之王都有最高尚的品德，掌握着最根本的道理，用来治理国家、教导天下之人，人们彼此之间能和睦相处，上上下下没有抱怨和不满，你知道我说的是什么吗？”曾子听了，明白老师孔子是要指点他最深刻的道理，于是立刻从坐着的席子上站起来，走到席子外面，恭恭敬敬地回答道："我不够聪明，哪里能知道，还请老师把这些道理教给我。"在此，"避席"是一种非常礼貌的行为，当曾子听到老师要向他传授知识和道理时，他立刻站起身来，走到席子外向老师请教，是为了表示他对老师的尊重和敬意。曾子懂礼貌的故事被后人广泛传诵，很多人都向他学习。

3. "复圣"颜回

颜回（前521—前481），字子渊，春秋末期鲁国曲阜（fù）人。13岁拜孔子为师，是当时孔门弟子中年龄最小的学生。他虽然年龄小，但天资聪颖，进步很快，连聪明过人的学长子贡也自愧不如。《论语·公冶长》记载，有一次孔子问子贡："你和颜回谁更聪明？"子贡回答说："我怎么比得上颜回？他'闻一知十'，我'闻一知二'。"孔子赞同子贡的看法。

颜回跟随孔子周游列国，过匡地遇乱以及在陈、蔡间遇险时，子路等人对孔子的学说都产生了怀疑，而颜回始终不渝，并解释说："老师的理想很高，学问很深，所以才不被一般世人所理解、采用，这正是他们的耻辱。"孔子听了很高兴。颜回对老师非常尊重，对同学十分谦虚，常常沉默寡言，极少显露才智，表面上甚至看起来有点愚钝，但事实上他严格按照孔子关于"仁"和"礼"的要求，"敏于事而慎于言"。所以孔子称赞他："贤哉，回也！"有一次，鲁哀公问孔子："你的弟子中谁最好学？"孔子回答说："有个叫颜回的学生最喜欢学习，他从不对别人发脾气，从不犯同样的错误，不幸命短而死了。从此，我就再也没有听说有人喜欢读书了。"颜回年仅29岁，头发就全部白了，很早就去世了。孔子哀痛之极，说道："自从我有了颜回这个弟子，我和学生们就更加亲近了。"

据《吕氏春秋》记载：孔子在陈国和蔡国之间的地方受困，饭菜全无，七天没吃上米饭了。颜回出去讨米，讨回来后煮饭，快要熟了，孔子看见颜回用手抓锅里的饭吃。一会儿，饭熟了，颜回请孔子吃饭，孔子假装没看见（颜回抓饭吃的事情）。孔子起来后说："刚刚梦见我的先人，我自己先吃干净的饭，然后才给他们吃。"颜回回答道："不是那样的，刚刚炭灰飘进了锅里（弄脏了米饭），丢掉又不好，就抓来吃了。"孔子叹息道："（按说）应该相信看见的，但是看见的也不一定可信；应该相信自己的心，但是自己的心也不可以相信。你们记住，要真正了解一个人不容易啊！"

自汉高帝以颜回配享孔子、祀以太牢，三国魏正始年间将此举定为制度以来，历代帝王对颜回尊奉、封赠有加。唐太宗尊之为"先师"，唐玄宗尊之为"兖（yǎn）公"，宋真宗加封为"兖国公"，元文宗又尊为"兖国复圣公"，明嘉靖（jìng）九年改称"复圣"。至今山东曲阜陋巷街还有"复圣庙"，亦称"颜庙"，也就是祭祀颜回的庙宇。

4."述圣"子思

子思（前483？—前402？），孔伋（jí），字子思，孔子的嫡（dí）孙、孔鲤的儿子。春秋时期著名思想家。

子思师从曾子，孔子的思想学说由曾子传给子思，子思的门人再传给孟子。后人把子思、孟子并称为"思孟学派"，因而子思上承曾参，下启孟子，在儒家学派的发展史上占有重要的地位。司马迁《史记·孔子世家》说："子思作《中庸》"，但不一定是子思一人所作。《中庸》作者认为，人的贫富穷通、国家的治乱兴衰，都由天命来决定。人的本性能对天命做出正确的反应，表现为行为的准则，这就是道。在中国思想史上，《中庸》的作者是人性论的创始人，是孟子性善论的先行者。《中庸》为《礼记》所收，流传于世。南宋朱熹以《中庸》与《大学》《论语》《孟子》合称《四书》，并为之作注。

子思推荐苟变给卫侯说："他的才能可以率领五百辆兵车。"卫侯说："我知道他可以当将领，但苟变在做小吏时，曾向百姓征赋，还私下吃了他们的两只鸡蛋，所以不能用！"子思说："聪明仁智的国君选拔人才，拿官职授人，好像工匠用木材，利用它的好的地方，丢舍它的不足之处，所以像梓（zǐ）、杞（qǐ）两种围抱的优质大材，虽有几尺腐烂，能干的巧匠也不会抛弃。现在你生活在战国时代，迫切需要选拔辅佐的武将，怎么因为私吃两只鸡蛋而抛弃捍卫国家的良将，这话可万万不能让周围的国家知道啊！”

《圣门十六子书》中记载：孔子晚年闲居，有一次喟（kuì）然叹息，子思问他是不是担心子孙不学无术辱没家门。孔子很惊讶，问他如何知道的。他回答说：“父亲劈了柴而儿子不背就是不孝。我要继承父业，所以从现在开始就十分努力地学习，丝毫不敢松懈。”孔子听后欣慰地说：“我不用再担心了。”

子思和孔子一样很重视礼，并且身体力行遵守礼。子思得知父亲的前妻去世后，就在孔氏之庙痛哭，他的门人对他说：“庶民之母死，何为哭于孔氏之庙乎?”子思恍然大悟，连连承认是自己的过错，“遂哭于他室”。子思与其他许多著名儒者一样，也向往国家的德治教化，并且努力实现自己的抱负。但他与孔子不同，为了施展抱负，孔子曾仕鲁参政，但却以去鲁告终。孔子周游列国，企图游说诸侯，但处处碰壁，甚至在各国受困。子思则不然，鲁穆公请他做国相，子思则以推行自己的学说为重婉言谢绝。

北宋徽宗年间，子思被追封为“沂（yí）水侯”；元文宗至顺元年(1330)，又被追封为“述圣公”，后人由此而尊他为“述圣”。

5. 陆绩怀橘遗亲

陆绩（187—219），字公纪，吴郡吴县（今苏州）人，汉末庐江太守陆康之子。陆绩从小聪明过人，知礼节，懂孝悌，尊重长辈，孝敬父母。陆绩6岁那年，随父亲陆康到九江谒（yè）见袁术，袁术拿出橘子招待他们父子俩，陆绩舍不得全部吃完，便往怀里藏了两个橘子。临行躬身施礼时，橘子滚落地上，袁术嘲笑说：“陆郎来我家作客，走的时候还要怀藏主人的橘子，就不怕他人笑你来偷橘子吗？”陆绩回答说：“母亲喜欢吃橘子，我想拿回去送给母亲尝尝。”袁术见他小小年纪就懂得孝顺母亲，十分惊奇。后人有诗称赞说：“孝悌皆天性，人间六岁儿。袖中怀绿橘，遗（wèi）母事堪奇。”从此以后，陆绩怀橘遗亲的故事便传为佳话。

陆绩成年后，博学多识，通晓天文、星历、算数等。孙策占领江东后，召见张昭等人为上宾，共同商讨如何用武力来平定天下之事。陆绩因为年纪小，坐在最后面，于是他大声说道：“当年齐桓公以管仲为相，九次聚合诸侯，不用兵车，一统天下。孔子说：‘远方的人不服从，只有专心修正自身的文德，让他们自觉自愿归服。’而今大家商讨的不是如何自修文德，而只想一味用武力强取，我虽然年幼无知，但也未能安心。”张昭等人听了陆绩的话，十分惊异这个少年才俊有如此识见。

建安五年（200），孙策遇刺身亡，孙权继位，陆绩被孙权派到郁林郡任太守。郁林郡地处岭南，气候炎热，环境恶劣，瘟疫流行。为了改善饮水和生活条件，减轻疫病传播，陆绩上任后发动民众开凿了很多水井，人称“陆公井”。陆绩将任内所生女儿，取名“郁生”，由此可见他对郁林这片土地的热爱之情。五代时南汉贵州判史刘博古感念陆绩怀橘遗母之孝，便在井边栽橘一株，故陆公井又称“橘井”，而本土居民更直接就将此井称作“怀橘井”，并将此地地名亦定为“怀橘坊”。

陆绩博学多才，见多识广，虞翻是东吴有名的老臣，庞统是荆州有名的学者，虽然他们年龄都比陆绩大，但都和陆绩关系友善。

建安二十四年（219），陆绩因病去世，年仅32岁。

6. 毛义捧檄慰母心

毛义，字少节，东汉末庐江人。从小就失去了父亲，与母亲相依为命。家境贫寒，靠帮人放牧维持简单的生活，奉养母亲。母亲病了，毛义十分恭谨、细心地伺候母亲的汤药。于是，毛义便以孝行而著称乡里，后被推举为“贤良”。当时南阳太守张奉慕名到毛义家里拜访，恰好碰上朝廷委任毛义为安阳县令。为了安慰母亲之心，毛义喜气洋洋，一直跑到“临仙桥”去迎接檄（xí）文。回家后，又兴高采烈地向母亲报告喜讯。这一下，南阳太守和周围的人对毛义的评价突然来了一个一百八十度的大转弯，认为毛义是个贪图名利的伪君子，一旦当官，狐狸尾巴就露出来了。

可是几年以后，毛义的母亲病逝了，朝廷专门派人前来看望。谁知毛义却跪拜于“临仙桥”上，将原封赏安阳县令的檄文双手捧还，立即辞去了县令的职务。安葬母亲后，毛义便守着母亲的墓再也不出来。三年守孝期满后，毛义干脆隐居山野。朝廷三番五次请他出山做更大的官，都被他拒绝了。这时，南阳太守张奉等人才明白过来，原来毛义当初听说做官便欢天喜地向母亲报喜，只是为了让母亲看到儿子受到朝廷封赏而高兴，并不是毛义真的想当官。如果毛义官迷心窍，那后来朝廷数次征召他，他为什么不肯应召呢？“亲所好，力为具”，母亲希望看到儿子有出息，所以毛义就要努力去做。张奉等人恍然大悟后，感慨地说：“毛义的贤德和孝行，不是我们一般人能揣度（duó）得了的啊！”

毛义既孝且不贪利，受到了世人的高度称赞，于是改“临仙桥”为“捧檄桥”，并刻碑石记之。明朝万历年间，当地人又在“捧檄桥”西南地建了“毛公祠”。清代末年，人们又将毛公祠移建于县城北门，遗址至今尚存，春秋奉祀。据说，当时庐江县城如有谁家子女不孝，其街坊邻居便将他们带到“毛公祠”前，先讲上一段“毛义捧檄”的故事，再将他们领到“捧檄桥”下，令他们喝一口桥下河里的水，让他们洗净灵魂之污，改过自新，行孝行善。

7. 韩伯俞泣杖

据西汉刘向《说苑·建本》载：汉代梁州（今河南）人韩伯俞（yú），生性非常孝顺，深得母亲欢心。但母亲的家教十分严厉，尽管对他非常疼爱，韩伯俞偶然有了小小的过失，他的母亲就要用拐杖打他。每当这时，韩伯俞总会跪下，低头躬身接受母亲的责打，不辩解、也不哭泣。直等到母亲打完了，气渐渐消了，他才和颜悦色地低声向母亲谢罪，母亲也就转怒为喜了。

可是有一天，韩伯俞犯了一个小过错，他的母亲又拿了拐杖打儿子，韩伯俞忽然大哭起来，他的母亲觉得很奇怪，便问他："从前打你的时候，你从不吭声，没有一次流眼泪的，今天怎么这样难受，难道是因为我打得太疼了吗?"韩伯俞忙说："不是不是，从前儿子有了过失，母亲打我的时候，打在我身上很有力，我是觉得很疼痛的。虽然感到很疼，但是因为知道母亲身体康健，我心中庆幸以后母亲疼爱我的日子还很长。今天母亲打我的时候，虽然拐杖举得很高，但打在我身上我却一点也感觉不到疼痛了，这说明母亲已年老体弱，精力、体力都已衰了很多，恐怕以后的日子越来越少了，所以心里很难过，才情不自禁地哭起来了。"韩母听了将手杖扔在地上，长叹一声，无话可说。

后世有韩氏家族便引用这个典故来命名家族的堂号，就叫作"泣杖堂"。

8. 郗鉴吐哺

郗（xī）鉴（269—339），字道徽。高平金乡（今山东省金乡县）人。东晋书法家、著名将领。少年时就死了父亲，家境贫寒。但他勤奋好学，博览群书，边种庄稼边吟咏，以清节儒雅著称。

郗鉴在永嘉之乱时避居乡间，生活非常穷困，以至于经常挨饿。乡里人尊敬郗鉴的名望德行，就轮流给他饭吃。当时郗鉴哥哥的儿子郗迈、妹妹的儿子周翼年纪都很小，郗鉴常常带着他们一起外出接受乡里人给予的饭食。于是，乡人们议论说："动乱时期，各家各户都饥饿困乏，因为您德高望重的缘故，所以大家才共同接济您，如果再加上两个孩子，恐怕就不能一同养活了。”从此，郗鉴便独自一个人去吃饭，但吃完后总是再用两个腮帮子含满饭，回来后吐给两个孩子吃，得以一同存活，并一同到了江南。后来，郗鉴的侄子郗迈官至护军，外甥周翼任剡（shàn）县令。郗鉴去世以后，周翼怀想过去郗鉴的抚育之恩，便辞职回乡，在郗鉴灵位前铺着苫（shān）席行孝子礼，像哀悼父母一样为舅舅守孝三年。

郗鉴墓位于山东省微山湖东岸的郗山西坡上，由其女婿王羲之为其题写碑文：“晋兖州刺史郗公鉴之墓。”原郗公墓碑有两说：一说被盗，一说为雷击。后墓碑是民国年间郗山热心人重立，“文化大革命”期间被砸烂，郗公墓址在郗山六村，已经被铲平。另外，常州也有郗公墓，疑为衣冠墓。

9. 西晋名士王戎

王戎（róng）（234—305），字浚（jùn）冲。山东临沂人。西晋名士，“竹林七贤”之一。

王戎自幼聪颖，小时曾与同伴在路边玩耍，见道旁有结满李子的李树，其他人都争相去摘，只有王戎不动声色，别人问他为什么不去，他回答说：“树在道旁而结满了果子，果子一定是苦的。”验证之后，果然如此。同时，王戎从小胆大特异，据说他能直视太阳而眼睛不眨一下。六七岁时，在宣武场看表演，当时猛兽在栅（zhà）栏里咆哮，众人都被吓跑，只有王戎站立不动，神色自如。魏明帝曹睿在阁上看见后，称赞王戎为“奇童”。

王戎与比自己年长24岁的、父亲王浑（hún）的朋友阮籍交好。当时阮籍与王浑都担任的是尚书郎，每当阮籍造访王浑时，与王浑见一面就离开了；而与王戎交谈，却有说不完的话语。阮籍对王浑说：“浚冲清虚可赏，和你不是一类人。我与你说话，不如与阿戎说话。”王浑去世后，他原来的下属为其丧事赠钱百万，王戎谢绝不受，名声因此更显扬。

王戎在晋代是有名的孝子。武帝时，王戎为其母守丧，生活上他没有严格遵守礼制，又饮酒又食肉，但他内心十分痛苦，面容憔悴，身体虚弱，连起身都要扶着拐杖。而尚书和峤（qiáo）同时遭母丧，生活上虽然睡的是草席、吃的是稀饭，但内心的哀痛并不是太过，气色不衰。所以刘毅称他俩“和峤生孝，王戎死孝”。

王戎任尚书令的时候，有一次身穿官服，乘轻便小马车，从黄公酒垆（lú）经过，回头对后面车上的人说：“我从前和嵇（jī）叔夜、阮嗣（sì）宗一起在这家酒垆痛饮，在竹林之下游乐。自从嵇生早逝、阮公亡故以来，我就为时事所拘。现在看到这酒垆虽然很近，却又像隔着山那么遥远。”表达了他失去同道知己后的寂寞和孤独之情。

10．贤人蘧伯玉

春秋时期卫国有一个贤人，姓蘧（qú）名瑗（yuàn），字伯玉，谥成子。有一天晚上，卫灵公和他夫人南子一同坐在宫里，忽然听见有一辆车子过来的声音，辚（lín）辚地响，到了宫门口，就不响了。南子说：“这辆车子上坐着的人，一定是蘧伯玉。”卫灵公说：“你怎么知道是他呢？”南子说：“从礼节上讲，做臣子的人，走过君上的宫门口，一定要下车，看见了君上驾车的马，一定要行礼，这些都是表示着敬重君上的行为。凡是君子，不肯在没有人看见的地方，就放弃了他的品行。蘧伯玉是个贤人君子，他平日服侍君上很尽礼，这个人一定不肯在暗昧（mèi）的地方失了礼的。”卫灵公差了个人去问，果然是蘧伯玉。

蘧伯玉奉命出使楚国，遇见楚国的公子皙，公子皙对他说：“我听说第一流的人才可以将妻子托付给他；第二流的人才可以让他捎话；第三流的人才可以将财物托付给他。若是一人三者兼备，便可以托付自己的身家性命。是不是这样呢？”蘧伯玉说：“您不用再说了，我明白了。”两人分手之后，蘧伯玉觐（jìn）见楚王，楚王问蘧伯玉：“你说哪个国家的人才最多啊？”蘧伯玉答道：“当然是楚国。”楚王一听这个很高兴，可蘧伯玉接着往下说：“可楚国人才虽然多，但是楚国不会用人。”这下楚王不高兴了：“你这说的是什么话?”蘧伯玉回答说:“大王,请您先别生气,听我慢慢说。伍子胥(xū),是楚国人吧?结果背井离乡投奔了吴国,在吴国当了宰相,发兵攻打楚国,把楚国兵马打得大败,最后楚平王被鞭尸示众,真是太惨了;衅(xìn)蚡(fén)黄,也是楚国人吧?一样背井离乡去了晋国,晋国让他治理七十二县,结果是路不拾遗、夜不闭户,老百姓安居乐业。今天我在路上碰见了公子皙,他依然是很优秀的人才,如今又要离开楚国,不知道要去为哪个国家效力了。”楚王听到这里,恍然大悟,拉着蘧伯玉的手说:“若无先生之言,楚国又失去一位大才。”于是连忙派人快马加鞭追回公子皙,并拜之为相。

有一天,蘧伯玉派人来拜望孔子,孔子向来人询问蘧伯玉的近况,来人回答说:“他正设法减少自己的缺点,可苦于做不到。”来人走后,孔子对弟子说:“这是真正了解蘧伯玉的人啊。”蘧伯玉每一天都要反思前一天所犯的错误,力求使每一个今天的我都超过昨天的我;他每一年都要反思前一年的不足,当他50岁的时候,就感觉到以前49年的过失。孔子称赞蘧伯玉是个真正的君子。

11. 陈昉百犬

在宋朝,有一个备受瞩目的家庭,那就是以纯朴厚道的家风,代代承传的陈氏家族。陈家已经有十三代了,全家老老少少,总共有七百多人,都生活在一起。上上下下和睦相处,没有一个人惹是生非,从来都听不到互相争吵的声音,永远是一片和乐的欢声笑语。

陈氏如此庞大一个家族,是如何做到其乐融融的呢?原来,从陈家的祖先陈崇开始,就为家族制定了严格的家规,而后子孙后代便恪(kè)守不移,代代相传。到了宋代陈昉(fǎng)主持家务时,家风仍然非常淳厚善良。陈昉为人温和厚重,以身作则;陈家的子弟都克勤克俭,勤劳务实,一切的事务,都尽可能自己动手来完成,从来都不用仆人和婢女。孩子们从小就明白一切都来之不易的道理，所以刻苦耐劳，勤劳节俭。

陈昉家中，有一个特别建造的厅堂，非常宽广，能够容下七百多人共聚一堂用餐。每到吃饭的时候，大家都穿戴整齐，扶老携幼地来到厅堂里。彼此见了面，都非常亲切地问长问短，问寒问暖。大家按照年龄的老小、尊卑的先后，次第而坐，大人坐在一个区域，小孩坐在另外一个区域，长幼有别，条序井然。全家七百多口人，只要还有一位尚未到来，大家都一定会静静地等待，直到所有的人都到齐了之后，才开始用餐。吃饭之时，厅堂里悄无声息，一片宁静。等到都吃完了饭，大家才开始谈天说地。爷爷奶奶、叔叔婶婶、儿子孙子见了面，分外地开心，有说不完的心里话。这是全家共有的幸福时光，也是家庭成员相互交流沟通的时刻，许多家族性的问题，也常于此时得到沟通解决。

陈家主人们上下同心、喜气盈人的祥和气氛，连陈家养的狗都普受熏陶，从而互相尊重、互相敬爱。陈昉的家中，养了大大小小一百多条狗，它们的性情都很温顺，跟街头小巷那些乱吼乱跑的野狗，完全不一样。更有意思的是，这群狗都在同一个大槽里吃食，每到吃饭的时候，它们总是彼此摇着尾巴，一起来到大槽前吃食。如果有一只狗还没有来，那么这一群狗都会等它，不肯先吃。

乡里的人见到这种情形，深受感动，所以纷纷效法学习，忏悔改过。当地州官张齐贤将陈昉一家的事迹，向朝廷作了奏报。朝廷有感于陈氏家族人与人之间的互敬之诚，所以就免了他们的徭役，而且礼遇有加。希望这个家族的典范，不但能影响全乡，而且更能感化全国。

12. 许武教弟

汉朝时候，有个姓许名武的，他父亲很早就去世了，剩下两个弟弟，一个叫许宴，一个叫许普，年纪都还非常小。在过去传统的家庭里，父亲过世了，长兄如父，必须要肩负起家庭的重任，不但要负责生计，更要照顾好两个弟弟。

许武知道自己的责任重大，白天到田里劳作时，就把两个弟弟安置在树荫下凉快的地方，教他们学习如何耕种；晚上回家时，又教两个弟弟读书，非常辛劳。如果两个弟弟不肯受教，他就自己跑到家庙向祖先禀（bǐng）明，今天因为自己教导无方，所以两个弟弟才不受教。他把所有的责任都承担下来，在祖先面前告罪，承认自己的过失，忏悔自己没有尽心尽力，直到两个弟弟泪流满面地来请罪，许武才站起来，而且他始终没有严声厉色地对待弟弟。

许武到了壮年还没有娶妻，有人劝他，他回答说："我怕找到不适当的人，反而使兄弟之间的情感产生嫌隙！"后来，许武被推荐为孝廉。但是因为两个弟弟都还没有名望，许武故意把家产分为三份，自己取了最肥美的田地和广大的房屋，余下的不好的两份就分给了两个弟弟，所以亲朋好友和邻里都骂这个哥哥贪婪，推崇两个弟弟谦让。但是，等到两个弟弟在品德、学问等方面有了一点成就，也被推举为孝廉时，哥哥才把亲朋好友聚集在一块，把他成就两个弟弟的苦心向大家表露出来。当场的人都非常惊讶，许武竟然是这样的长兄，疼爱他两个弟弟，提携他两个弟弟，用心如此良苦！从此以后，乡里的人都称他"孝悌许武"。郡守和州刺史推荐许武担任"议郎"的官职，声望非常显赫。不久，许武却辞官回乡，先为两位弟弟张罗婚事，而后自己才娶妻。

13. 泰伯让国

商朝末年，有一个孝、悌兼全的人，叫吴泰伯（一作吴太伯），姬姓，名不详，是周部落首领古公亶（dǎn）父（周太王）的长子。泰伯的母亲名叫太姜，是有台氏之女，周太王的正妻。他有两个弟弟，大弟叫仲雍，二弟叫季历。季历的儿子叫姬昌，就是后来的周文王。文王生下来的时候，一双赤色的雀子嘴里衔了丹书，停在门户上，表示圣人出世的祥瑞。因此，周太王想立季历为继承人，以便传位给姬昌。泰伯知道父亲的心思后，就和大弟仲雍商量应该如何顺从亲意。这时，刚好周太王生病了，于是泰伯就跟仲雍以采药为名离开周国，到南方荆蛮之地，让季历顺利继承君位。

周太王去世之时，季历的两个长兄也没有回去奔丧，季历便顺理成章地继承了王位。当时有许多人到荆蛮寻找泰伯，泰伯为了不被认出来，就披着头发，纹了身子。季历也是非常仁慈厚道和聪明能干，他看到两个哥哥如此礼让他，就不负众望，把国家治理得非常好，最后把王位传给了姬昌，也就是后来闻名天下的周文王。

泰伯的高风亮节感动了荆蛮，当地的土著居民认为太伯有德义，归附他的有千余家，并拥立太伯为当地的君主，尊称他为吴泰伯。相传泰伯定都吴地梅里后，在新的生存环境中，不畏艰辛、勇于开拓，大力兴修水利，开凿伯渎（dú）河，全长43千米，是中国古代历史上人工开凿的第一条河流。伯渎河的开凿，使当地百姓世代受益。

相传泰伯去世后，吴人无不悲恸（tòng）欲绝，百姓争相向他的遗体敬献鲜花，顿时漫山遍野花草无存。许多后去采花的人不忍空手而归，聚众商议，泰伯生前最喜欢种麻，于是大家便各采一束麻系在腰间，以表达人们对他的哀悼和怀念之情。这种风俗历经数千年，至今仍在民间流传，遂形成中华民族为去世的长辈披麻戴孝的丧葬礼俗。吴人为纪念这位伟大开拓者的不朽功勋，将他在梅里的居所改为祠庙，就是今天的泰伯庙。

泰伯是周代诸侯国吴国第一代君主，被后世奉为吴文化的鼻祖。泰伯无子，死后由其弟仲雍继位。周武王灭商后，派人找到仲雍的后人周章，正式册封周章为吴国君主。

14. 郑濂碎梨

郑濂，字仲德，元末明初浙江浦江人。到郑濂这一辈，郑家已经三百多年没有分家了，家里七代人，同居同食，相处和睦，其乐融融，人称

"义门"。当地太守为郑家赠匾:"天下第一家"。

明太祖朱元璋即位,把郑濂召到京都,问道:"你家凭什么称作'天下第一家'?"郑濂回答说:"臣全族合灶共食,至今已有十一代了。太守认为可以鼓励,树立好风俗,所以题写了这个匾名。"皇上说:"你家有多少人吃饭?"郑濂回答:"一千多人。"皇上说:"千余人同居,真是天下第一家。"于是让他退下。

马皇后正巧在屏风后,听了之后对皇上说:"陛下当初一个人发动起义,就取得了天下,现在郑氏一家千余人,如果发动起义,不是更容易了吗?"皇上听了一惊,命太监再召郑濂入宫,问道:"你管理家事也有什么规矩吗?"郑濂回答:"也没什么,只是不听妇道人家之言而已。"皇上听了大笑。正逢河南进贡香梨,皇上就送了他两个梨子。郑濂拜谢后,接受了梨子回到家里。这时太祖皇帝叫校尉暗地里跟着他,看他有什么举动。哪晓得,郑濂一到家,就召集了全家一千多人,一齐出来叩拜谢恩。谢过恩后,郑濂就搬出两个大水缸,放了两大缸的清水,把大水梨一边一个捣碎,使整个果汁渗到水缸里去,然后,每人都分一碗梨水,让全家人都享受到皇帝的赏赐。太祖皇帝得知这件事,非常高兴,于是亲书"孝义家"三个大字赐他家。明洪武十八年(1385),太祖朱元璋赐封其为"江南第一家"。

后来有人诬告郑家结交叛逆罪人,官吏前去抓捕,郑家兄弟六人争相要跟随官吏前去,最后由郑濂的弟弟郑湜(shí)前往,当时郑濂正在京城,他赶去拦住弟弟说:"我是兄长,应该由我去。"弟弟说:"哥哥你已经老了,应当由我前往。"就这样,兄弟两人争相入狱。明太祖知道后说:"像这样孝义的人,怎么会去追随他人叛逆呢?"随即将诬陷之人治罪,并重用郑家子弟为官。

郑濂是一个非常有智慧之人,懂得怎样治家、怎样大公无私、怎样持家才能做到公平。后来建文帝以"孝义家"三字旌表其门。今天,在位于浙江浦江县城东10多千米的郑宅镇中心,有一个全国重点文物保护单位——郑义门古建筑群,人称"江南第一家",就是870多年前居住在此以孝义治家的郑氏家族。

15. 姜肱大被

姜肱（gōng），字伯淮，东汉彭城广戚（今山东省微山县）人。他有两个弟弟，一个叫姜仲海，另一个叫姜季江。他们兄弟三人非常友爱，天天上学在一起读书，下学在一起温习功课、玩耍、帮家里做家务事，而且三兄弟还缝了一床大棉被，每天都睡在一起，形影不离。或许我们会觉得，这种情形只有在幼年的时候才有可能发生，长大之后成家立业就不可能了，可是姜肱三兄弟长大之后感情依旧非常的好，好到有时还三个人睡在一块。

有一次，姜肱跟他的弟弟一同去京城，结果半夜路遇强盗。月光下，强盗面目狰狞，手里的匕首泛出幽幽寒光，看了直叫人心里打战。强盗嚣张地晃着明晃晃的匕首，一步步逼近抱在一起的两兄弟。突然，哥哥把弟弟往后一推，走上前一步说："我弟弟还小，我是做哥哥的，我可以死，希望你们放我弟弟一条生路。"这时，后面的弟弟也走上前来说道："不！你们不可以伤害我哥哥，要杀就杀我吧！"兄弟俩都争着牺牲自己而让对方活着，想到兄弟就要生离死别，兄弟俩不禁抱在一起，痛哭流涕。

盗贼也不是铁石心肠，也是因饥寒才铤（tǐng）而走险。盗贼深深地被兄弟俩的手足之情所震撼，他说："我今天终于见到什么叫亲情了。"于是，抢了一些财物后便匆匆离开。

姜肱来到京城里办事，有人见到他衣冠不整，穿得很破烂，就问他："出了什么事，你会如此的落魄？"姜肱只是用其他种种言语来掩饰，绝口不提被盗贼所抢一事，因为他想留给盗贼一点自尊，希望他能够悔改。后来事情辗转传到了盗贼那里，他听到姜肱被抢而绝口不提，非常感激，悔恨交加，跑去请求拜见姜肱，亲自把所有抢来的衣物还给了姜肱，并表示一定痛改前非。

16. 朱显焚券

元世祖至元年间，朱显的祖父卧病在床，想到自己随时都会撒手人寰（huán），于是他决定在弥留之际把后事处理好。他将家产分成了几等份，分给自己的几个孩子，还立下了字据为凭。

谁知在英宗至治年间，朱显的哥哥不幸病故，留下了几个嗷嗷待哺的孩子，家里一片萧瑟凄凉，让人分外感伤。看到侄子们年纪这么小，孤苦无依，朱显非常难过。他想，如果就这样把财产均分各顾各的话，这些孩子怎么办？谁来照顾他们？谁来教育他们？所以，朱显就与弟弟朱耀商量说："父子兄弟，同根连枝，不可分离。现在，哥哥已经离开我们了，他的孩子那么小，我们应该代替哥哥来履行长辈应有的责任和义务，把侄子们照顾好、教育好，让他们长大成人。所以，我想我们就不要分家了，财产共享，你看行吗？"看着哥哥朱显那么真诚无私地关怀年幼的侄子，把他们看作自己的亲生孩子一样，而且又为了侄子，主动放弃自己应得的遗产，让整个大家庭共同来分享，弟弟朱耀很是感动，表示非常赞同哥哥朱显的建议。

于是，朱显和弟弟朱耀，带着家人一同来到祖父的墓前，把祖父留下来的分产遗嘱全部烧毁。从此之后，这一家子继续其乐融融地共同生活在一起，大家互相关心、互相照顾、互相帮助，生活非常温馨。对父母而言，孩子都是自己的亲生骨肉。朱显的焚券，不但是尽了兄弟应有的手足情义，也是对父母尽最大的孝心，值得当时和今天的所有子弟们学习。

17. 敦妻担金

三国时候，魏国汝敦的妻子，是四川广汉人。汝敦家里很有钱，但父母很早就去世了。汝敦的嫂子非常贪心，又很吝（lìn）啬（sè）。汝敦就把自己所分得的田产，统统让给了哥哥，自己只留下一块园地来耕种。有一天，汝敦在自家园地的泥土里面，挖出了一坛金子，他就拿给妻子看。他的妻子说：“这些金子是我们祖先埋藏下来的，既然田产我们都不要了，那么这些金子，我们也不应该留给我们自己。”汝敦认为妻子说得太好了，于是夫妻俩就抬了金子去还给兄嫂。他的嫂子看见他俩来了，起初还疑心他们是来借钱的，很不高兴。后来看见了金子，才变得非常高兴。汝敦的哥哥看到这个情形，心里很是感动，就说：“难道我真就是这样的小人吗？难道就让我弟弟独自一人做君子吗？”于是就休了自己的老婆，并退还弟弟的金子。两兄弟从此像从前一样要好。

因为嫂子很贪婪，汝敦为了避免家庭纷争，就将自己名下的田产一起赠予哥哥，已经算是难能可贵的孝悌之人了。而汝敦的妻子，与嫂子相比，更让人感动。面对在自己园地里挖出来的金子不贪婪，终于换回来两兄弟之间比金子更珍贵的感情。这种品质和胸怀，永远值得我们赞赏和学习。

18. 廷机教弟

李廷机（1542—1616），字尔张，号九我，明代福建泉州人。幼年时候，家里非常贫穷，但他勤奋好学，刻苦求知。1570 年参加举人考试获得第一名（解元），后来参加贡士考试又获得了第一名（会元），再后参加殿试，又获得第二名（榜眼）。李廷机为政以“清、慎、勤”著称，最后官至礼部尚书兼东阁大学士，是我国历史上著名的清官贤相。

李廷机做了大学士，但他的弟弟是一个平民白衣，从家乡到了京城来问候他的哥哥，戴了新的方巾，穿了新的衣服，进去拜见。李廷机问了他家里的事情，当寒暄（xuān）、慰劳的言语讲完了以后，见了弟弟的方巾、衣服，很是奇怪。就问弟弟是不是已经进了学，中了秀才。他的弟弟回答说：“没有。”李廷机又问道：“你是纳了粟（sù），捐了官职吗？”他的弟弟又回答道：“没有。”李廷机再问：“你原来的帽子到哪里去了？”他的弟弟说："放在袖子里了。"李廷机说："你应该戴原来的帽子，不应该跟着习俗戴着方巾。"于是弟弟就把方巾拿下，戴上了原来的帽子。最值得称赞的是他的弟弟没有一点不高兴，也丝毫没有为难的神情，欣然接受了。

19. 缪彤自责

缪（miào）彤（1627—1697），字豫公，汉朝人。在他小的时候，父母就双双过世了，留下缪彤兄弟四人相依为命。作为长兄，缪彤自然就承担起了照顾抚养弟弟们的重担。家庭的不幸，使缪彤兄弟过早地尝到了人生的艰辛。但是，生活的磨炼，也锻造了缪彤坚毅正直的性格。尤其难能可贵的是，艰苦的处境，将缪彤的孝悌之德彻底从心底激发了出来。他深感自己责任的重大，如不把几个弟弟顺利抚养成人，自己就无法告慰父母在天之灵。

他们兄弟虽然生活艰难，但是由于长兄无微不至的照顾，缪彤弟兄四人均得以健康成长。弟弟们同样深刻感念哥哥的付出，都非常尊敬长兄。如此患难相依，兄弟们手足之情日深。光阴似箭，转瞬间兄弟四人均已长大成人，兄弟们也相继结婚成家了。但由于家中增添了不少新人，生活已不再像以前那样方便。同处一个屋檐下，妯（zhóu）娌（lǐ）们各有各的性格，生活的磕碰，偶尔也有些口角。于是大家不免各自思量家中财物，打算分开单过。

缪彤看着这样的情景，想起兄弟们当年和睦的日子，不禁十分感慨："要是父母还健在，面对孩子们的不和，该有多么失望！"叹息之余，缪彤不由感到万分悲凉，痛苦的自责涌上心头。一日，又听到两个弟媳因为一点琐事争执不休，缪彤感到羞愧难当，心中想到："都是因为自己没做好，家中才这样矛盾重重。"为此，缪彤独自关锁门户，在屋里狠狠地抽打自己，厉声自责道："缪彤啊缪彤，你天天都说要修身谨行，遵从古圣先贤的教诲，以求齐整风俗，匡扶正气。可怎么现在连自己的家庭都不能导正，这岂不是妄谈！你辜负了祖宗的教诲，实是不肖子孙啊！”说罢，缪彤失声恸哭。

弟弟、弟媳们循着哭声聚拢过来，他们静静地守候在屋外。听到长兄的自责，大家惭愧地低下了头。想到长兄为家庭和睦，日夜操劳，殚（dān）精竭力；想到长兄平日那张和蔼（ǎi）的笑脸，此时在屋里却是泪流满面；想到长兄时常对大家殷殷地教诲，而自己却一次次抛诸脑后……众人想起自己过去种种错误，忏悔的眼泪，难以抑制。弟弟、弟媳们于是跪在门外，大家一同对着屋子里说：“哥哥，都是我们的错。因纷争而忘了手足之情，我们对不起祖宗，对不起父亲的教诲，对不起您对我们的期望，我们错了，请您把门打开，责罚我们吧！”

真诚忏悔的话语，深深地感动了缪彤，“没想到自我的谴责，会换来弟弟、弟媳们真心的忏悔。如果家人都能反躬自省（xǐng），今后家庭一定会重回和睦温馨的幸福日子，父母在天之灵定将倍感欣慰。”想到这里，缪彤便起身打开屋门。见到房门打开，弟弟、弟媳们便一同说：“兄长，我们以后决不再提分家的事了，决不再做出让您伤心的事情了。无论怎样，我们都要和和气气地住在一起。”说罢，弟弟们上前紧紧地拥住了缪彤。

从此以后，缪家又恢复了往日的和乐气氛，家人们不再有隔阂（hé），真正做到了兄友弟恭，夫义妇顺，大家团结和睦地生活在一起。

20. 田真叹荆

隋朝时有一户田氏人家，有田真、田庆、田广三兄弟。自他们分别成家之后，兄弟三人就想分家，各自发展，于是把家产分成了三份。分到最后，就只剩下庭院中那棵开满紫红色花朵的紫荆树了。几十年来，这株树一直欣欣向荣，象征着这个家庭的兴旺。一代又一代的田氏子孙，就是在这棵紫荆树默默地俯视中成长起来的。

大哥田真叹息道：“田家的历史有多长，紫荆树就有多老。”老二田庆不以为然地说："我们家产都分完了，留着这棵树也没什么用了，不如把它也分了。"幼弟田广精打细算地说："紫荆树的树皮和木材都可以入药，我们干脆直接把它砍掉，一人分一份，还能卖个好价钱。"田真说："不行啊，我们怎么忍心伤害这些美丽的花朵和润泽的叶子呢？它鲜活的生命力，伴随着一代又一代田家人成长，这是我们家族兴旺发达的见证啊！"田庆说："大哥您别犯傻了，谁还会注意到这棵老树？您要是不肯，那我就和弟弟对半分了。"

两位弟弟固执地坚持，大哥也没办法，于是他们决定将紫荆树砍成三段。田真仰望着昔日的故宅和茂盛的老树，内心十分伤感，但也无可奈何。

第二天，原本茂盛挺拔的紫荆树，一夕之间突然全部枯萎凋零；原本壮硕挺直的枝干，翠色可人的叶子，顷刻间仿佛已经枯死。三兄弟见到这般情形，不禁大惊失色，疑惑地想到："难道紫荆树也伤心欲绝，知道自己的生命将被截成三段，不如先自行了断吧？"于是，三兄弟开始痛切地忏悔：为什么手足之情要这样分离？连树都觉得伤心，都不想再活下去了。大哥神情肃穆地说："树木原本就是同气连枝的，正是因为听说将要被砍成三段，它们才会如此悲伤，我们人竟然连树木都不如啊！"二弟田庆内心颇有感触，懊悔地说："小时候，我们同吃同住，开心快活，现在想起来还那么令人怀念。"三弟田广也伤感地说："现在父母都不在了，我们兄弟就是最亲的亲人了，如果连我们都不肯团结友爱的话，那父母在天之灵也不得安心，一定会比紫荆树还要伤心的。"田真说："三人同心，其利断金。我们继续像从前那样团结一心，和睦共处，振兴家族吧！"于是，三兄弟将手紧紧地握在了一起，他们把分家的契约，在紫荆树面前一同烧毁，决定继续同舟共济，共同经营幸福的生活。

第二天，当太阳早早地爬上枝头的时候，弟弟打开窗户时，惊讶地喊了起来："哥哥，哥哥，快来看，叶子绿了，紫荆树的头也抬起来了！"

三、《三字经》：中华历史故事

1. 周成王与周公

西周国王周成王，姓姬，名诵。周成王的父亲周武王去世的时候，周成王年纪尚幼，便由他的叔父周公旦摄政。

周成王小的时候，有一天，他和与自己感情十分要好的小弟弟叔虞在王宫中的一棵梧桐树下玩耍。这时候突然一阵秋风刮来，梧桐树上的叶子纷纷飘落。这阵风过去之后，地上落了很多梧桐树叶。贪玩的周成王一时兴起，便从地上捡起一片梧桐树叶，用小刀切成一个（当时大臣们上朝时手中所持的）“圭”，并将它随手送给了叔虞，同时，开玩笑地说：“我要封给你一块土地，喏，你就先拿着这个吧！”

听到周成王这么说，叔虞十分高兴，便蹦蹦跳跳地拿着这片周成王用梧桐树叶做成的“圭”，跑到他们叔父周公旦面前，述说了这件事。当时周公旦仍然代替依然年龄幼小的周成王执掌国政，听到叔虞告诉自己的这番话，便立即换上礼服，赶到宫中去跟周成王道贺。看到周公旦前来道贺，早已经将此事忘得一干二净的周成王感到十分不解，他问道：“叔父，为何你要特地穿上礼服，前来向我道贺呢，不知道所贺的是何事啊？”看到周成王这么问，周公旦面带微笑地对他解释道：“我刚刚听说，你已经册封了你的小弟弟叔虞，发生了如此大事，我又如何能不赶来跟成王道贺呢？”

听周公旦这么说，周成王才想起来这件事，便说：“哦，原来是这件事啊！”接着忍不住哈哈大笑说，“刚才我不过是和叔虞开玩笑的，并没有想真的册封他啊！”没想到周成王的话刚刚说完，周公旦马上就收起了笑容，沉下脸来对周成王说：“不论是谁，说话做事都要以‘信’为重；如今你贵为天子，说话更不能如此随便，如果你事事都像开玩笑一样，如此一来，天下的老百姓怎么会相信你呢？如果你总是不顾信义，随意许诺，然后又将自己说过的话当作玩笑，那么，你还有什么资格做一国之君呢？”

听了周公旦的这番话，周成王感到十分惭愧。于是，周成王即刻做出决定：册封叔虞于唐地（今山西省境内），成为后来晋国的始祖。

2. 卫庄公与州吁

卫庄公娶了齐庄公的女儿庄姜为妻，庄姜不仅容貌美丽，而且温柔贤惠，但没有生育。卫庄公还娶了陈国的一对姊妹花，姐姐叫历妫（guī），妹妹叫戴妫。历妫生下孝伯后就死了，戴妫生了姬完，也就是后来的卫桓（huán）公。庄姜对姬完视若己出，照顾得特别周到。

州吁（yù）是卫庄公的另一个宠妾所生，卫庄公爱屋及乌，对他也格外宠爱。州吁长大后，喜欢弄刀弄棒、爱好打仗，庄公对他这种十分犯忌的事，也不加禁止，反而让他带兵。上大夫石碏（què）看到了问题的严重性，于是向卫庄公进谏说："我听说一个人爱自己的儿子，一定要以正确的道义、礼法来教导、约束他，这样才能使他不走上邪路。骄傲、奢侈、淫荡、逸乐，这是走上邪路的开始，之所以形成这四种恶习，都是宠爱和赏赐太过的缘故。如果您要立州吁做太子，那就应该定下来，好好管教，以免发生祸患，后悔莫及；如果老是定不下来，恐怕会出乱子。……国君行事得宜，臣子服从命令，父亲慈爱，儿子孝顺，兄爱弟，弟敬兄，这是六种正常现象。去掉正常而效法反常，很快就会招致祸害。"卫庄公不听，继续宠爱甚至放任州吁。

果然不出所料，结果第二年（前719），卫庄公驾崩，桓公继位，州吁与石碏的儿子石厚合谋杀了卫桓公，州吁自立为君，成为春秋时期第一位弑君篡位成功的公子。但由于州吁失掉民心，众叛亲离，卫国人都不拥护他，州吁便通过石厚问计于石碏。石碏说："朝见周天子就可以取得合法地位。"石厚说："如何才能去朝见周天子呢？"石碏说："陈桓公正受到周天子的宠信，如果朝见陈桓公，让他代为请求，就一定可以成功。"于是石厚就跟随州吁到了陈国。石碏通过卫桓公母亲戴妫（陈国人）的关系，派人告诉陈桓公说："这二人谋害了我国君主，请您趁此机会帮卫国除掉这两个祸害。"陈桓公于是假装和州吁友善，当卫国的军队开到郑国都城的城郊时，陈桓公命人将州吁和石厚抓住，然后让石碏派人来陈国处理。石碏派人向州吁进献食物时，趁机将他杀死；然后石碏又大义灭亲，派人杀死了自己的儿子石厚，并拥立卫桓公的弟弟公子晋继位，是为卫宣公。

3. 晋平公与师旷

春秋时期，晋国国君晋平公和臣子们一起喝酒，喝到正酒酣兴浓之时，晋平公很是得意地说："没有什么比做国君更快乐的了！只有我的话没有谁敢违背！"晋国的著名乐师师旷是个瞎子，正在旁边陪坐，听了晋平公这话，很是反感，便拿起琴朝他撞去。晋平公连忙收起衣襟躲让，结果琴撞在了墙壁上，撞坏了。晋平公对师旷说："乐师，您撞谁呀？"师旷故意回答说："刚才有个小人在胡说八道，因此我气得要撞他。"晋平公说："说话的人是我呀。"师旷说："哦，是您说的吗？这可不是做国君的人应该说的话啊！"左右臣子认为师旷犯上，都要求惩办他。晋平公说："放了他吧，我要把这件事当作一个对自己的警示。"

有一天，晋平公对师旷说："我已经是70岁的人了，想学习，恐怕太晚了吧？"师旷说："那（君王）为什么不赶快把蜡烛点起来呢？"晋平公不知道师旷说这话是啥意思，认为是师旷在与自己开玩笑，所以晋平公生气地说："哪有做臣子的戏弄他的君王的呢？"师旷认真地对他说："我这个眼瞎而愚昧的臣子怎么敢戏弄我的君王啊！我听说：'少年的时候好学，就如同早晨的太阳；壮年的时候好学，就如同正午时的太阳；老年的时候好学，就如同点燃蜡烛的光亮。'点亮了蜡烛的光亮，在烛光下行走，与在黑暗中行走相比，哪个更好呢？"平公听了说："你讲得很好。"晋平公忽然明白过来，说："乐师说得好啊！"

4. 曾子与曾点

曾子的父亲叫曾点（曾皙），曾点是孔子早年的学生。有一次孔子问他的弟子，要他们各自讲一讲自己的理想，曾点讲了自己的生活理想：暮春时节，春天的衣服已经做好了。我和五六个成年人、六七个童仆，到沂河里游泳祈福，在舞雩台上吹风乘凉，唱着歌回家。曾皙是主张以礼治国，他说的是礼治的结果，是太平盛世的图景。孔夫子喟然叹曰："吾与点也。"孔子长叹一声说："我赞同曾皙的想法！"

孔子对曾点洒脱的生活态度很赞赏，但对曾点在教育孩子方面的粗暴行为不赞同，对曾子任凭父亲暴打的做法也进行了严肃批评。事情是这样的：曾子在瓜地锄草，不小心锄断了瓜苗，曾点不问青红皂白，拿着一根粗棍子劈头盖脸就向曾子打下来，结果曾子被打昏迷了。待曾子醒来之后，看着父亲着急的样子，曾子立刻表现出若无其事的样子，不仅弹琴、唱歌，让父亲放心自己的身体没有问题，而且还对父亲说，是自己不孝，让父亲生气了，希望父亲不要太生气伤了身体。孔子听说这件事情后，勃然大怒，对他的学生说："曾参来，不要让他进门，这样的学生，简直是愚蠢至极！"为什么呢？后来孔子对曾子讲了舜如何避开了父母的迫害又尽了孝道的故事。曾子明白了老师说的话。

曾子的父亲曾点生前喜欢吃鱼。在曾点去世多年后，有一次，曾子吃鱼还剩了一些，便叫人把它拿回去用酱腌上，旁边一个人就说："不能用酱，鱼会变质，吃了对身体不好。"曾子一听，心情非常悲伤。因为他想起父亲生前就喜欢吃酱腌的鱼，自己却不知道。现在想告诉父亲，却永远没有机会了。可见，曾子对父亲的感情，是多么的真挚。

孔子晚年说："吾志在《春秋》，行在《孝经》。"就是说要按照《孝经》中的教导去"行"，《孝经》是行动的指南，所以孔子要求弟子做人要从孝道入手。孔子晚年经过充分考虑，最后决定将《孝经》传给忠诚、厚道、刚毅的曾子。希望他能将《孝经》之道传承下去，发扬光大。

5. 孟母与孟子

一提到孟子从小受到的家教，总是让我们想到孟子的母亲。

据西汉刘向《列女传·母仪篇》记载，孟子幼时，他们家住在坟地附近。小孟子便常到坟地玩耍，并学着别人的样子做造坟祭祀的游戏，孟母发现后，感到这地方很不适合孩子的学习和成长。于是孟母便将家搬到了集市附近，结果不久又发现，小孟子竟模仿商人的样子吆喝叫卖。看来这里的环境也不行，孟母于是再次将家搬到了学宫附近。学宫是国家兴办的教育机构，聚集着许多既有学问又懂礼仪的读书人。据说孟子自从搬到学宫附近以后，便十分认真读书。孟母便决定长住这里。可见，环境对正在成长的孩子，影响有多么大。

据说，孟子小时候，读书不用功。孟母看在眼里，急在心里。为了教育孩子，有一天，当小孟子来到孟母跟前的时候，孟母便故意当着小孟子的面一刀割断了织机上的布线。小孟子看着母亲很生气地将自己辛辛苦苦织好的布割断了，有些害怕。这时，孟母便趁此非常严肃、非常认真、语重心长地对孩子说：孩子，读书一定要勤奋刻苦，持之以恒，切不可贪玩好耍，以致半途而废，一事无成。小孟子听了非常震动，牢记了母亲的话语，立志成才。

《韩诗外传》里还讲了一个孟子“去妻”的故事。小孟子一天天长大了，男大当婚，母亲便为他娶了一位既知书识礼又聪明贤惠的妻子。结婚后，夫妻恩爱，和睦相处。可是有一天，孟子突然气冲冲地跑到母亲的面前说，他要“休”了自己的妻子。孟母感到十分惊讶，因为儿媳妇在自己印象里一向表现不错，于是问孟子到底发生了什么事。孟子告诉母亲说，有一天，他从外面回家，看见妻子盘腿而坐（踞），不像个样，认为有违礼法。所以孟子禀告母亲，准备“去之”，也就是休掉妻子。因为在那个时代，对妇女的言谈举止等方面都有极其严格甚至严酷的规定和要求，妻子一旦违背，丈夫有权休妻。

孟母感到问题严重，于是问孟子说："你从外面回家，你敲门了吗？你问了屋里是否有人吗？"孟子回答："没有，因为门没有关，只是掩着的。"孟母又问："那你进屋以后，是不是放重了脚步，让妻子能听到你回家的脚步声了吗？"孟子回答说："没有。"于是，孟母便狠狠地批评孟子说："是你自己无礼，不是你的妻子无礼！你难道没有读过《礼记》吗？《礼记》上不是讲得清清楚楚吗？'将入门，问孰存。将上堂，声必扬。将入户，视必下。'"孟子听了母亲的话，自知无理，心中很惭愧，再也不敢提"休妻"之事了。

6. 管仲与鲍叔牙

管仲，春秋时期著名政治家、军事家、思想家。鲍叔牙，春秋时期齐国大夫。

当初，鲍叔牙在南阳与管仲相识，通过彼此往来，鲍叔牙很快就认识到，管仲是个人才。这个时候，管仲家境贫困，跟着鲍叔牙做买卖，管仲总会在钱财利润上面，要求多分一点，鲍叔牙不以为意。有人劝鲍叔牙，说这样太吃亏了。鲍叔牙说管仲家里困难，这是可以理解的。管仲曾经在生意上为鲍叔牙出谋划策，结果让鲍叔牙更加贫困，而鲍叔牙却说错不在管仲，只不过是时机不成熟的缘故。

不仅做生意总是赔本，管仲从军，还多次当了逃兵。有人告诉鲍叔牙，并且讽刺管仲是个胆小鬼。鲍叔牙却很能理解，说管仲上有老母需要奉养，自然珍惜生命。管仲曾经三次做官，结果三次被国君罢免，有人认为管仲不是当官的料，鲍叔牙却不认为管仲无能，说这只不过是管仲没遇上好运罢了。

后来鲍叔牙和管仲都做了齐国的大夫，鲍叔牙辅佐齐公子小白，管仲辅佐齐公子纠。公子纠争夺王位失败之后，公子小白被立为齐桓公，管仲的同事为此自杀，而管仲被囚禁在监狱里忍辱苟活，鲍叔牙不认为管仲无耻，鲍叔牙认为管仲不会为小节而羞，却为功名不能显扬天下而耻。管仲说："生我者父母，知我者鲍子也。"

齐桓公想任用一直追随自己的师傅鲍叔牙为相。对此，鲍叔牙做了两件事，一是将管仲从监狱里救了出来；二是婉拒齐相之位，反而推荐当年差点要了齐桓公性命的管仲为齐相。齐桓公恨不能杀了管仲，怎么能让管仲为相呢？鲍叔牙说："我与管仲相比，我有五个方面不如他：宽厚仁慈，安抚百姓，我不如他；治理国家，抓住根本，我不如他；忠信可结于诸侯，我不如他；能给国家制定规范和礼仪，我不如他；能站在军门前指挥练武，使将士勇气倍增，我更不如他。如果君王让管仲当宰相的话，一定可以使齐国很快强盛起来。"就这样，管仲成了齐国宰相，而鲍叔牙位居管仲之下。由于管仲的贤能，齐国迅速由乱转治，由弱变强，齐桓公成了春秋时期的第一个霸主，雄霸中原三十多年。

7. 晏子与越石父

春秋时期，齐相晏婴出使晋国，路过中牟（móu）这个地方，看见一个人头戴破帽子，反穿着皮袄，身背草料，正坐在路边休息。晏子一眼就看出这是一位有修养的君子，于是就派人问他叫什么名字、从哪里来，那人回答说："我是齐国人，叫越石父。"

晏子就把他叫到跟前问道："为什么来到这里？是不是家里遭到什么不幸了？"越石父说："我在中牟卖身为奴，看见使者路过，打算跟您回国。"晏子问："为什么要卖身为奴？"越石父回答说："因为饥寒交迫，为了活命。"晏子问："当奴仆几年了？"越石父回答："已经三年了。"晏子问："可以赎身吗？"越石父说："可以。"晏子便把拉车左套的马解下来，用这匹马把越石父赎买下来，并与他一起坐车回国。

回到相府，晏子没跟越石父告辞就进了自己的房间。越石父很生气，要与晏子绝交。晏子派人传话说："我不曾与你结交，谈什么绝交？你当了三年奴仆，是我把你赎买回来，你怎么可以恩将仇报？还说什么绝交！"越石父说："君子不因为对人家有恩而轻视人家，也不因为人家对自己有恩而向人家屈服。我给人家当了三年奴仆，没有人理解我。现在您把我赎买回来，我认为您理解我了。先前您坐车，不同我打招呼，我以为您是一时疏忽了。现在您又不向我告辞就直接进了自己的房间，这与把我看作奴仆有什么区别呢？既然我还是奴仆，那就请再把我卖了吧！"

晏子听了越石父的话，便走出房间，请求和越石父见礼。晏子说："以前我只看到了客人的外表，现在理解了客人的内心。我可以向您道歉，您能原谅我吗？我诚心改正自己的错误行为。"晏子令人把厅堂打扫干净，用酒席盛情款待越石父。越石父说："我听说过，最高的尊敬不讲究形式，用尊贵的礼节待人不会遭到拒绝。先生以礼待我，我实在不敢当。"晏子于是把越石父奉为上宾。

8. 陈万年与陈咸

陈万年是西汉朝廷中身居要职的大官，但他喜欢拍马屁。有一次，陈万年病了，叫来儿子陈咸跪在床前，教育孩子如何拍马逢迎，一直说到半夜。陈咸听得打了瞌睡，头碰到了屏风。陈万年很生气，想要拿棍子打儿子，说："父亲教育你，你反而打瞌睡，不听我的话，为什么？"陈咸赶忙叩头认错："我完全明白您所说的话，主要的意思是教我拍马屁罢了！"陈万年没有再说话。

但陈咸不是一个拍马屁的人，他性情耿直，多次指责皇帝近臣，数十次上书言事，升任左曹之职。陈万年死后，陈咸于元帝时又升任御史中丞负责各州郡的奏事，给各州刺史加以考评、评定等级，同时在殿中执法。陈咸执法严厉，公卿以下级别的官员都很怕他。他因指控中书令石显独断专行而受到忌恨，后被废为庶民。

成帝初即位，大将军王凤认为陈咸忠诚直率，遂奏请皇帝起用。陈咸在南阳太守任期间，一贯以严厉来树立威严，豪强奸猾的官吏或名门望族的人犯了法，也按照规定把他们送到郡府里去，按照罪行的程度，规定相应的劳动量。陈咸每到一处，就命令属下要廉洁，不能违法，在郡中做到了令行禁止。之后，陈咸调任少府，位列九卿。成帝永始二年（前 15），陈咸遭丞相翟（zhái）方进诬陷，遂被免官。不久，翟方进自杀，陈咸复任尚书。平帝即位后，王莽辅政，多改汉制，并杀害何武、鲍宣等反对者，陈咸愤而辞官。王莽篡夺皇位后，召令他任掌寇大夫，陈咸称病推辞，并责令儿子陈参、陈丰、陈钦同时辞官。父子 4 人一同返里后，闭门不出，直到病死。

9. 董仲舒三年不窥园

董仲舒（前 179 —前 104），西汉著名思想家、政治家、哲学家、教育家。董仲舒从小天资聪颖，酷爱学习，读起书来常常忘记吃饭和睡觉。为了能够专心专意读书学习，董仲舒整天待在书房里，什么事情也不过问，吃的、穿的也不讲究。据说他家后面有一个美丽的花园，园中树木葱茏，绿草如茵，百花盛开，姹（chà）紫嫣红，好看极了。但是，由于他一门心思读书学习，沉迷于圣贤经典，如痴如醉，对当时社会时尚，生活享受一概漠不关心。整整三年，竟一次也没有到花园里去逛逛，欣赏欣赏自然美景。所以，后人说他“三年不窥园”。随着时间的推移和年龄的增长，董仲舒遍读了儒家、道家、阴阳家、法家等各家书籍，终于成为学富五车的儒学大师。他长于议论，善写文章，王充《论衡·效力》称他为“文章圣手”。

董仲舒具有高尚的道德修养，优雅的言谈举止，令人敬仰，不少有志学子云集董仲舒的家乡，跟从他学习。史书上说，董仲舒讲学，常常在讲堂里挂上一幅帷帘，他在帘子里面讲，弟子在帘子外面听，只有那些禀赋高、学问好的弟子才能够登堂入室，得其亲传。其余弟子皆按受业的先后和学问的深浅，在门下转相传授。因此有的学生慕名而来，师从一场，可最后连见上先生一面的愿望也没能实现。可见其声誉之高，气派之盛。司马迁《史记》说董仲舒弟子通经学者“以百数”，而且都很出色，司马迁自己也曾师从董仲舒。

董仲舒以研读《春秋》公羊学最为著名，汉景帝时为博士。除了在家乡讲课以外，董仲舒还走出家门，设坛教授。他的课讲得十分精彩，弟子很多，弟子再教弟子，一些再传弟子甚至只是听说过他的大名，并没见过他的面。

今天西安市碑林区有一条街叫下马陵街，据说下马陵是西汉大儒董仲舒的墓地。他的学生们每次经过这里都要下马步行，所以称作“下马陵”。也有人说“下马陵”的得名，是因为汉武帝每次经过董仲舒墓都下马致敬的缘故。无论哪一种传说，都说明董仲舒的名字在中国文化史上闪耀着特殊的光辉。

10. 重情重义的李绩

李绩（594—669），原名徐世绩，字懋（mào）功。唐高祖李渊赐其姓李，后避唐太宗李世民讳改名为李绩，曹州离狐（今山东菏泽）人，唐初名将，封为英国公，为凌烟阁二十四功臣之一。李绩一生历事唐高祖、唐太宗、唐高宗三朝，出将入相，深得朝廷信任。李绩一生，身经百战，早在瓦岗寨时，他跟随李密征战，就为瓦岗军立下了汗马功劳；归唐后，又多次从李世民征讨，平王世充，灭窦建德，伐刘黑闼（tà），为大唐王朝的建立，立下了不朽功勋；后又在攻灭东突厥、平定薛延陀等重大军事战役中，都做出了重大贡献，为大唐王朝的稳定、强大，立下了汗马功劳。

李绩与人一起谋划计策，能辨别其好坏，听到别人一点好的计谋，就握住那人的手腕欣然采纳。打仗打胜了的时候，多把功劳推让给部下，因此人们都愿意为他效力。战胜所得到的黄金、丝帛（bó），以及所得赏物，大都分赐给手下将士。在黎阳仓时，魏征、高季辅、杜正伦、郭孝恪都到黎阳仓做客，他们一出现在人群中，李绩就恭敬地以礼相待，把他们请到自己的卧室里，谈笑风生，不知疲倦。

平定王世充后，李绩的结拜兄弟单（shàn）雄信被俘虏，按律当判处死刑，李绩上表称赞单雄信武艺绝伦，希望能留他一命，相信他一定会感恩戴德，为国家效命。李绩甚至请求用自己的官爵，来赎雄信的死罪，但李渊不准许。临到快受刑的时候，李绩对着单雄信号啕痛哭，从自己大腿上割下一块肉给单雄信，说："生死永别，就让这肉和你一起入土吧。"单雄信死后，李绩收养了单雄信的儿子。

李绩的姐姐病了，李绩一定要亲自为姐姐烧火煮粥，锅底下的火常常烧了他的胡须。姐姐劝他说："你的仆人那么多，你为什么一定要自己烧火煮粥自讨苦吃呢?"李绩回答说："难道真的因为没有人去做吗?只不过姐姐现在年纪大了，我也老了，即使想长久地为姐姐烧火煮粥，又怎么可能呢?"

李绩病逝后，唐高宗李治停止上朝七天，为他举办丧事，赠太尉、扬州大都督，赐谥号贞武，赐棺木，让他陪葬在昭陵。到了下葬的那天，唐高宗到未央古城，登楼为李绩送葬，望着灵车，放声痛哭，在场的人也都哭个不停。

11. 陈世恩与三弟

陈世恩有兄弟三人，长兄孝顺廉洁，学问道德都很好；老二就是陈世恩，谦逊（xùn）有礼、平易近人，也如兄长一样为众人所称许；三弟由于年龄小，从小受到父母的宠爱，因此长大以后，结交了一帮不三不四的朋友，整天东游西逛，常常深更半夜才回家。

看着三弟年少轻狂，不务正业，大哥心里十分着急。假如三弟不成器，自己作为长兄，该如何向父母高堂交代？所以只要有机会，大哥就苦口婆心地劝三弟要学好，不要总在外面游荡，让家人担心。三弟根本听不进去，大哥说得多了，便对大哥反感起来。大哥看到三弟我行我素，甚至变本加厉，心里十分烦闷、痛苦。

陈世恩见此情景，便按住大哥的手说："大哥一心一意为弟弟好，这个没错，但大哥对弟弟讲话的时候，语气太直接了，弟弟年轻，面子上过不去，所以他有些反感。这样吧，你给我一段时间，让我来劝劝他，你暂时甭（béng）管了。"

当晚，陈世恩手里拿着院子大门的钥匙，在门前等弟弟回来。等啊等，一直等到夜深人静了，三弟还是没有回来。陈世恩在门外徘徊着，突然，在月光下走过来一个人，他高兴地问："是三弟吗？""啊，是二哥。"三弟没料到是二哥在等他，有点不知所措。"赶快进来吧，外面冷。"世恩看着三弟走进院子，就把院门关好、锁上。三弟以为二哥要开始教训他了，没想到二哥只是亲切地问："你吃晚饭了吗？冷不冷？""噢……吃了，不冷。"三弟说完，就急忙地回自己屋里去了。

第二天一大早，三弟又溜出去了，仍然一整天没回来。陈世恩和前一天一样，晚上仍在院子门口等三弟。三弟没想到二哥又在等他，不免有些心虚，站在院子外不好意思进来。陈世恩笑着说："自家门都不进了吗？进来吧，我好锁门。"三弟进门后，陈世恩闻到三弟身上有一股酒气，关切地说："喝酒了，难不难受？我刚好泡了一杯浓茶，可以解解酒。"说罢，世恩就把一杯热茶递了过来，并嘱咐他早点歇息。这下三弟可有些睡不着了！假如二哥也像大哥那样骂自己几句，倒无所谓，但二哥却一点也没责怪自己。回想起自己的所作所为，三弟脸上有些发烧。

三弟在外面开始有些待不住了，眼前尽是哥哥深夜翘（qiáo）首期盼自己归家的情形。他对朋友们提出要先告辞，朋友们嘲笑他说："急什么？难道怕家里的大棒槌（chuí）吗？"三弟只好又和他们玩到天黑，赶回家一看，二哥又是一脸关切地等着自己。三弟低下头，嗫嗫不能成言。陈世恩亲切地抚着三弟的肩头，问他有没有哪儿不舒服。三弟不觉羞惭交加，感到实在对不起哥哥和家里人。他心头一酸，“哇”地一下哭出声来，跪下去对二哥说：“我错了！请二哥责罚！”陈世恩也感动不已，高兴地说：“好！好！回来就好！哥哥知道你会自己改正的！”从此以后，弟弟像换了个人一样，再也不和那一帮朋友一起混了。在两位哥哥的精心教导下，他认真学习，发奋图强，成了一位德才兼备的人。

12. 李世民哭谏追师

据《资治通鉴》记载，唐太宗李世民年轻的时候，随着父亲李渊平定天下。有一次父亲做出一个决定：连夜拔营攻打另外一个地方。恰好此时又传来消息，说刘武周与突厥勾结，乘太原后防空虚而攻击太原，太原是李渊的老巢，所以军心动摇，许多人主张撤兵回救太原。李渊问李建成和李世民两兄弟怎么办，兄弟俩都反对撤军，认为刘武周偷袭太原的消息纯属谣传。李世民对父亲说：“如果我们此时撤军，可能没有办法成功，因为恐怕会中埋伏，前面不能取得胜利，后面又被围剿，对我军很不利。”连续劝了三次，他的父亲仍不采纳他的建议。

眼见明天父亲就要带领整个军队拔营了，李世民焦急万分。这时夜已深，李渊已经就寝，守卫不让他进去。李世民于是就在帐篷外面号啕大哭，哭得非常伤心。号哭声终于惊动了李渊，李渊走出帐外问李世民哭什么，李世民说：“本来希望能阻止父亲的这一次军事行动，但是父亲不能采纳，我非常伤心，非常难过，就在这里哭泣。”李世民又再次向父亲劝谏说，目前形势大军只可进不可退，进则胜，退则亡，李渊看到儿子这么伤心，分析的道理又这么中肯，就及时停止了这次军事行动，并派李世民追回了已经后撤的军队。后来李渊和李世民父子终于平定各地的反王，奠定了唐朝的基业。

13. 岳飞与岳云

岳飞（1103—1142），字鹏举，南宋抗金名将，著名军事家、战略家，民族英雄。岳飞十五六岁时，北方的金人南侵，宋朝当权者腐败无能，国家处在生死存亡的关头。岳飞决定投军抗金，报效祖国。可是不久，因父亲去世，岳飞退伍还乡守孝。1126 年，金兵大举入侵中原，岳飞再次投军。临行前，母亲姚太夫人把岳飞叫到跟前，说："儿子，现在国难当头，你有什么打算？"儿子回答说："到前线杀敌，精忠报国！"姚太夫人听了儿子的回答，十分高兴，"精忠报国"正是母亲对儿子的希望。她决定把这四个字刺在儿子的背上，让他永远铭记在心。岳飞解开上衣，露出瘦瘦的脊背，请母亲下针。姚太夫人问："孩子，针刺是很痛的，你怕吗？"岳飞说："母亲，小小钢针算不了什么，如果连针都怕，怎么上前线打仗！"姚太夫人先在岳飞背上写了字，然后用绣花针刺了起来。刺完之后，岳母又涂上了墨。从此，"精忠报国"四个字就永不褪色地留在了岳飞的后背上。

母亲的鼓舞激励着岳飞。岳飞投军后，很快就因作战勇敢而升职。岳飞治军，赏罚分明，纪律严整，又能体恤（xù）部属，以身作则，他率领的"岳家军"号称"冻死不拆屋，饿死不打掳"，金人流传有"撼山易，撼岳家军难"的评语，表达对"岳家军"由衷的敬畏。

岳飞的儿子岳云，12 岁就参加了岳家军，岳飞对儿子要求非常严格。有一次，小岳云与将士一起骑马进行爬山练习，不小心马失前蹄摔倒在地。岳飞不但没用冲上前去关心岳云，反而指责岳云说："这全是平日训练不认真造成的结果，如果是在战场上，岂不误了国家大事？"当即下令将他推出去斩首。众将士急忙求情，念其年幼，岳飞最后还是下令将岳云打了 100 军棍。从此，岳云更加刻苦训练，最终练就了一副钢筋铁骨，成了与父亲一样的抗金英雄。

岳云 16 岁随父出征，在战场上冲锋在前，勇不可当，屡立军功，朝廷多次欲赐岳云官位，但岳飞上书称“其子尚存乳臭，恐不得军功”，十分坚决地推辞了朝廷给岳云的封赏。

14. 司马光与兄长

司马光（1019—1086），字君实，号迂叟，陕州夏县（今山西夏县）涑（sù）水乡人，世称涑水先生。北宋政治家、史学家、文学家。卒赠太师、温国公，谥文正。司马光一生孝顺父母、友爱兄弟、忠于朝廷。

司马光五六岁的时候，有一次他拿了一只青胡桃，请他姐姐帮忙剥掉胡桃的皮，姐姐忙了半天也没有剥下皮，就生气地走开了。过了一会儿，家里的女佣走了过来，知道司马光想吃胡桃，就舀（yǎo）来一碗开水，把青胡桃放进水里。胡桃经开水一泡，很容易皮就剥了下来。司马光的姐姐从里屋出来，看见他在吃胡桃，就问胡桃皮是谁剥的。司马光说：“当然是我剥的，我想了个办法，用开水一泡，这皮就剥下来了。”正在这时，司马光的父亲走进屋来，狠狠地训斥司马光说：“你这孩子，怎么能说谎话！”原来，女佣替司马光剥胡桃皮的情景，恰好被父亲在窗外看得一清二楚。司马光知道自己错了，马上低下了头。从此，他牢记父亲的教诲，老老实实做人，再也不撒谎了。

长大后的司马光，对待父母极其孝顺，对待兄弟极其友爱，侍奉皇上极其忠心，对待朋友极其诚信，所以大家称他是一代贤相的人格典范。司马光有一个哥哥叫司马旦，字伯康，兄弟俩感情很好。当司马光退居在洛阳的时候，每次返乡探亲，总会探望兄长，他对哥哥既敬重又倍极关怀。当时伯康已80岁了，而司马光也年事不小，但司马光侍奉兄长就如同事奉父亲一样地尽心尽力。尤其老人家体质羸（léi）弱，消化不佳，为保康健常需少吃多餐，照顾很是费神。所以每当吃完饭不久，司马光总会亲切地问候哥哥：“您饿了吗？要不要再吃点东西？”天气稍稍有一些冷了，他就轻抚着哥哥的背说：“恐怕您的衣服太薄了吧？会不会冷？”几乎是时时刻刻地关心，就如同照顾婴儿般无微不至。司马光和兄长间的手足情怀一直是古今的美谈，他的品德、学识、涵养均无懈可击，他的孝顺、友爱、忠诚都出自于天性，是我们后人学习的表率。

司马光的儿子司马康，也继承父亲之志，自幼就聪颖过人、勤奋好学，不仅学识渊博，更通晓经史，参与了父亲《资治通鉴》的编纂（zuǎn）工作。司马康为人恭敬谨慎，不苟言笑。在路上，人们见到他温文的举止和脱俗的内涵，即使不认识他，也知道他一定是司马光的儿子。因为深厚的学识与严谨的家风，熏陶了他非凡的气宇。侍奉父母极其孝顺的他，在母亲去世之后，悲痛至极，三天三夜滴水不进，人们从他的身上完全看到了司马光的风范。

15. 沈周与唐伯虎

沈周（1427—1509），明代杰出书画家，明代中期文人画“吴门画派”的开创者。

在跟随沈周学画的弟子中，以唐伯虎等人最为出众。小唐伯虎天资聪颖，学得勤奋，吸收起来也很快，仅仅两年时间，他的画技就得到了一个飞跃的发展。

有一次，当地一位名士找沈周求画，沈周恰好有事没时间画，便让唐伯虎代劳。唐伯虎非常兴奋，觉得是一个表现自己的绝好机会。他把自己关在书房中一整天，精心绘制了一幅大气磅礴的山水画。傍晚时分，当他把画作交到老师沈周手上时，沈周不禁拍案叫绝，着实把他夸奖了一番。

唐伯虎十分得意，不知不觉中便有些骄傲自满，觉得自己的绘画水平已经相当不错，甚至觉得老师的水平也不过如此。有了这样的想法后，他对每天沈周的辅导和布置的作业也不那么认真听、认真做了，有时趁老师外出，就胡乱画点什么，应付一下检查，然后就跑出去玩了。

沈周注意到了弟子的变化，可他并没有把唐伯虎叫过来狠狠批评一顿，也没有跟他苦口婆心地讲大道理，而是想了一个特殊的办法。

一天，沈周在书房指导唐伯虎绘画，讲得有些晚了，就留他一起吃饭。时近中午，天气很热，书房的门窗却关得严严实实。唐伯虎吃得汗流浃背，实在受不了了，就跟沈周说："老师，能把窗户打开吹一下风吗？"沈周点点头，说："当然可以啦，你去把窗户打开吧。"

唐伯虎立刻放下碗筷，跑去开窗，可当他伸手去推窗户时，手触碰到的，却是光滑的墙面。他定睛一看，原来他跑去开的，竟然是一幅画。唐伯虎万没想到老师居然可以把画画到如此以假乱真的程度，他为之汗颜了。聪明的唐伯虎明白了老师的良苦用心，他走过去，惭愧地对沈周说："老师，我知道我错了。"从此以后，唐伯虎低下了高傲的头，再无半点骄傲之心，潜心学画，终于成为和沈周齐名的大画家。

16. 状元宰相吕蒙正

吕蒙正（944—1011），北宋两朝丞相，历史上第一位平民出身的书生宰相、状元宰相。

吕蒙正从小父母双亡，家境十分贫寒。长大以后，家里还是穷得叮当响。这一年，到了过年的时候，家中空无一物，悲伤之余，他别出心裁地创作了一副由数字组成的对联，上联是："二三四五"，下联是："六七八九"，寓意是："缺一（衣）少十（食）"。

他刚任宰相时，有一位官员在帘子后面指着他对别人说："这个无名小子也配当宰相吗？"吕蒙正假装没听见，大步走了过去。其他官员为他愤愤不平，准备去查问是什么人敢如此胆大包天，吕蒙正急忙阻止了他们。散朝后，那些官员还感到不满，后悔刚才没有找出那个人。吕蒙正对他们说："如果一旦知道了他的姓名，那就会耿耿于怀，一辈子也忘不掉，这样多不好啊！因此千万不要去查是谁了。"当时的人都佩服他心胸宽阔，气量宏大。

吕蒙正做了宰相还没多久，有人揭发蔡州知州张绅贪赃枉法，吕蒙正就把他免了职。朝中有人对宋太宗说：“张绅家里富足，有的是钱，哪里能把钱看在眼里呢？是当初吕蒙正在贫寒之时，曾向张绅要钱，张没给他，今天做了宰相就报复人家罢了。”这样的事怎能辨清，吕蒙正对此事什么也没说，太宗恢复了张绅的官职。后来其他官员在审案时，又得到张绅受贿的证据，张绅又被免了职，太宗这才知道冤枉了吕蒙正，就对他说：“张绅果然是贪污受贿。”吕蒙正只说：“嗯，知道了。”不辩亦不谢。

有一次，太宗让吕蒙正选一个人出使辽国，吕蒙正觉得一个姓陈的官员最称职，就把名字呈给了皇帝，太宗竟不同意。第二天，太宗问人选好了吗？吕蒙正又将此人呈上，太宗还是不同意。当第三次问及时，他仍以此人呈上，气得太宗把呈上的文书扔到地上，愤愤地说：“你为什么如此固执呢！”吕蒙正拾起文书平静地说：“哪里是臣固执呢？明明是陛下对这个人有偏见嘛。出使辽国，只有这个人最称职，其余的人都不如他，臣不敢为了讨好陛下而误了国家大事。”看到吕蒙正如此顶撞太宗，满朝大臣都吓得连大气都不敢出。太宗气冲冲走下朝堂后，又回过头来说：“罢罢罢，吕蒙正的气量，我不如也，就依他吧！”那个姓陈的官员出使辽国，果然出色地完成了使命。

17. 章溢代戮

章溢（1314—1369），字三益，号匡山居士，别号损斋，浙江龙泉人。元末明初著名政治家、文学家。与刘基、宋濂、叶琛（chēn）并称为四先生。

章溢天性孝顺、友爱，早年与胡深一起拜王毅为师，学习经义。章溢跟随王毅四处游历，有志于圣贤之学。章溢曾游历金华，至虎林时，章溢心中突然不安起来，要告辞回乡。结果回乡八日后父亲去世，尚未殓（liàn）葬，大火焚烧其屋。章溢拍着额头呼求上天，果然大火烧至放置棺材之处时熄灭。

元朝顺帝至正壬辰年（1352）间，有一伙盗贼从福建过来，侵犯浙江龙泉赞善等地。这时，章溢同他的侄子章存仁一起逃到山里避乱，不料，章存仁被盗贼捉去了，章溢赶紧跑去对盗贼说：“这是我的侄儿，他年纪还小，我哥哥就只有这么一个儿子，不能让我哥哥绝后啊，我愿意替我侄儿去死，千万不要杀我侄儿。”说着竟号啕大哭，非常伤心。盗贼们看到这种情景，被感动了，因为敬重章溢的义气，就把叔侄俩都放了。

后来，官府率军剿匪灭盗，要杀尽有牵连者。章溢前去劝说石抹宜孙说：“贫苦百姓是迫于饥寒，为什么要处死他们呢？”石抹宜孙觉得他的话有道理，便下令止兵，并将章溢留在幕下。论功之时，章溢被授为浙东都元帅府佥（qiān）事。章溢却说：“我所率都是故乡子弟，他们肝脑涂地，而我却独取功名，我不忍心啊。”因此坚辞不受。

元朝灭亡后，章溢成为朱元璋手下一名得力助手。朱元璋登基后，有一次问章溢说：“现在这样应该如何统一天下？”章溢回答说：“天道无常，唯德是福。”就是说，天道无常，只有以德治国，才能长治久安。不好杀人者，实行仁政，才能一统天下。朱元璋觉得他的话颇有远见，就任命他为佥营田司事。平定了龙泉之乱后，章溢将义兵交托长子章存道，自己隐居匡山，献出自家田地，创建龙渊义塾，培养人才。后来明太祖朱元璋诚心聘请，章溢与刘基、叶琛、宋濂一同来到应天。明太祖慰问刘基等说：“为了天下，委屈四位先生了。”章溢官至御史中丞、赞善大臣、太子赞善大夫。

章溢母亲去世，请求回乡居丧守孝，朱元璋不许。章溢处理好自己的工作后，再次奏请回乡守丧，朱元璋下诏答应了他的请求。章溢悲戚过度，殓葬时又亲自背运土石，最终染病去世，时年56岁。朱元璋悲痛哀悼，亲自撰写悼词，到章溢家中祭奠。

18. 晏子与齐景公

齐景公在位的时候，大雪下了几天不放晴。景公披着白色的狐皮大衣，坐在朝堂一旁台阶上。晏子进去朝见，站立了一会儿，景公说："奇怪啊，雪下了几天，但是天气并不冷。"晏子回答说："天气不冷吗?"景公笑了。晏子说："我听说古代贤德的国君，自己饱却知道别人的饥饿，自己温暖却知道别人的寒冷，自己安逸却知道别人的劳苦。现在君王不知道了。"景公说："说得好！我明白你的教育了。"于是，命人给那些挨饿受冻的人发放皮衣、发放粮食。并命令：在路上见到的，不必问他们是哪乡的；在里巷见到的，不必问他们是哪家的；巡视全国统计数字，不必记他们的姓名。已有职业的人发给两个月的粮食，病困的人发给两年的粮食。孔子听到后说，晏子能阐明他的愿望，景公能实行他认识到的德政。

齐景公要建高台，发动很多百姓劳动。高台建成后，齐景公还想再造钟。晏子进谏说："所谓君王，就是不能以百姓的劳苦来成就自己的快乐。君王无法控制自己的欲望，已经建筑了高台，现在又要造钟，对百姓来说是很大的负担，百姓一定很不高兴。君王以加重百姓负担来获得自己的快乐，不是好的做法，不是治理国家的办法。"齐景公于是宣布停止造钟。

晏子的家住在闹市附近，人声嘈杂，生活环境很不好。齐景公想另外给他盖个住宅，晏子不同意，说："我的先人久居此处，如果我因为不满意而更换新宅，不是太奢侈了吗？再说离市场近，买东西方便，还能直接了解到许多民情，不也是挺好吗?"齐景公于是作罢。

19. 楚庄王"一鸣惊人"

春秋时期，楚国的储君楚庄王登基后，为了观察朝野的动态，也为了让别国对他放松警惕，当政三年以来，每天不是出宫打猎游玩，就是在后宫里和妃子们喝酒取乐。没有发布一项政令，在处理朝政方面没有任何作为，并且不允许任何人劝谏，他通令全国："有敢劝谏的人，就处以死罪！"朝廷百官都为楚国的前途担忧。

当时，有一个担任右司马官职的人，看到天下大国争霸的形势对楚国很不利，他就想劝谏楚庄王放弃荒诞的生活，励精图治，使楚国成为继齐桓公、晋文公之后的诸侯霸主。然而，他又不敢触犯楚庄王的禁令，去直接劝谏。他绞尽脑汁也没有想出使楚庄王清醒过来的办法。有一天，他看见楚庄王和妃子们正在玩猜谜语的游戏，楚庄王玩得十分高兴。右司马灵机一动，决定用猜谜语的办法，在游戏中暗示楚庄王。

第二天上朝，楚庄王还是一言不发。就在楚庄王准备宣布退朝的时候，这位右司马给楚庄王出了个谜语，说："启奏大王，臣在南方见到过一种鸟，它落在南方的土山上，三年不展翅、不飞翔，也不鸣叫，沉默无声，请问这只鸟叫什么名呢?"楚庄王知道右司马是在暗示自己，就说："三年不展翅，是在生长羽翼；不飞翔、不鸣叫，是在观察民众的态度。这只鸟虽然不飞，一飞必然冲天；虽然不鸣，一鸣必然惊人。你回去吧，我知道你的意思了。"

楚庄王觉得大臣们要求富国强兵的心情已十分迫切，自己整顿朝纲、重振君威的时机已经到来，半个月后，楚庄王亲自处理政务，废除十项不利于楚国发展的刑法，兴办了九项有利于楚国发展的事物，诛杀了五个贪赃枉法的大臣，起用了六位有才干的读书人当官参政，把楚国治理得很好。不久，楚国称霸天下。

20. 燕昭王与郭隗

燕昭襄王（前335—前279），本名姬职，燕国第39任君主。昭王登位之初，决心要使燕国强大起来，所以他降低自己的身份，拿出丰厚礼物来招揽人才。因而去见客卿郭隗（wěi）先生，讨教如何得到贤士一道治理国家，郭隗回答说："成就帝业的人与老师相处，成就王业的人与朋友相处，成就霸业的人与臣子相处，亡国之君只能同仆役小人相处。"意思是说，越贤明的君王就越能招致才高的贤人，不能尊重贤人，贤人都会离去。尊重贤者，恭敬地接受教导，那么才能超过自己百倍的人就会到来。郭隗继续说："如果大王果真广泛选拔国内的贤者，而登门拜见，天下听说大王拜访那些贤臣，天下的贤者便会疾速到燕国来。"昭王说："那我应该拜访谁合适呢？"

郭隗道："我听说古时有一位人君，想用千金求购千里马，三年也没买到。打扫宫廷卫生的人对他说：'请允许我去买吧。'国君派他去了。三个月后寻得一匹千里马，但马已经死了，这个人用五百金买了一匹死马回来，向国君做了汇报。国君大怒，道：'我要购求的是活马，你怎么带回一匹死马而花去了五百金？'那人回答说：'死马尚且花五百金购买，何况活马呢？天下一定认为大王您是能出高价买马的人，千里马很快就会到来了。'于是不到一年，就来了好几匹千里马。现在大王果真想要招揽贤士，就先从我开始吧；我尚且被重用，何况胜过我的人呢？他们难道会嫌路远而不来燕国吗？"

于是燕昭王大张旗鼓地给郭隗筑造宫室，封郭隗大官，给他丰厚的俸禄，并且拜郭隗为师，对郭隗倍加恭敬，整个燕国都竞相传颂此事。结果不到一年，乐毅从魏国赶来了，邹衍从齐国赶来了，剧辛从赵国也赶来了，很多英雄豪杰纷纷投靠燕国。

四、《千字文》：中华百科故事

1. 伏羲的传说

伏羲，本姓风，又作宓（fú）羲、庖（páo）牺、包牺、伏戏，亦称牺皇、皇羲、太昊（hào），司马迁《史记》中称伏栖。伏羲所处时代约为旧石器时代中晚期，伏羲的生日为农历三月十八日。传说伏羲人首蛇身，后与妹妹女娲结婚，才繁衍了人类，所以伏羲被称为中华民族的人文始祖。他是中国古籍中记载的最早的王，为中国医药鼻祖之一，创制了八卦，结绳为网，发明了瑟。

相传，伏羲的母亲名叫华胥氏，是一个非常美丽的女子。有一天，她去雷泽郊游，突然发现路上有一个很大的脚印。出于好奇，她将自己的脚踩在那个脚印上，当下就觉得有一种被蛇缠身的感觉，于是就有了身孕。而令人奇怪的是，这一怀孕就怀了十二年。后来就生下了一个人首蛇身的孩子，这就是伏羲。当地的人为了纪念伏羲的诞生，特将伏羲的诞生地改为成纪，因为在古代，人们把十二年作为一纪。据史学家考证，古成纪就是今天甘肃的天水。所以，天水历来被称为"羲皇故里"。

在远古年代，人们对大自然一无所知，当刮风下雨、电闪雷鸣时，人们既害怕又困惑。伏羲想把这一切都搞清楚，于是他经常站在卦台山上仰观天上的日月星辰，俯察周围的地理山川，有时还研究飞禽走兽的脚印和身上的花纹。伏羲有所了悟，便画出了八卦。八卦是人类文明的瑰宝，早在十七世纪，德国大数学家莱布尼茨创立"中国学院"，研究八卦，并根据八卦的"两仪，四象，八卦，十六，三十二，六十四卦"，发明了二进制。八卦中的许多奥妙神奇之处，人们至今还正在研究和探讨之中。

又传说伏羲是古代东夷部落的杰出首领，制定了人类婚嫁制度，实行男女对偶制，用鹿皮为聘礼，使人类由原始群婚杂居向夫妻家庭制度转化。伏羲模仿自然界中的蜘蛛结网教导人民制造网，用于捕鱼打猎；后又教导人民驯养野兽，使原始先民由自然采集生活转变到农耕和狩猎时代，促进了原始畜牧业生产的发展。

伏羲制琴瑟，作乐曲，使中国礼乐之邦文明初露；作历度，定节气，总结了人们对自然的最初认识，形成了中国历法的基石；尝百药，制九针，开创了中华医药研究和针灸的先河。

2. 神农氏的传说

神农氏，本姓姜，又称作“炎帝”，世称“农皇”。传说中农业和医药的发明者，因发明农耕技术以及木耒（lěi）、木耜（sì）等农具而号神农氏。神农氏牛首人身，天生“水晶肚”，遍尝百草而发现药材，教会人民医治疾病、稼穑饲养、制陶纺织及使用火。

相传，神农氏牛首人身，天生具有神力，他生下来三天就能说话，五天就会走路，七天便出齐了牙齿，三岁便学会了耕作，而且一下子便长到了八尺七寸高。神农氏有个水晶肚子，五脏六腑全都能看得一清二楚，故可以看见各种植物在肚子里的反应。

神农氏从小便养成了爱思考的习惯，当母亲和百姓们一起狩猎和采集时，他便在旁边观察和模仿。每当这时，苍鹰就飞来张翅为他遮风挡雨，麋（mí）鹿就奔来开怀为他哺乳喂食。因此，从小他就与苍鹰和麋鹿结下了深厚的情谊，后世三皇庙里供奉神农氏的金像，多以苍鹰、麋鹿分立两旁，正是这个原因。

上古时候，黎民百姓仅靠打猎为生，为了获得食物，部落里身强力壮的男人们必须冒着生命危险，去捕猎比自己凶猛百倍的野兽，很多人为此丧命。到了冬天，百兽都躲进洞里，山林里既没有野果可采，也没有猎物可狩，人们便只得过着朝不保夕的日子，时常饿肚子。炎帝教会了人们耕作土地、种植五谷，让人们过上了农耕生活，人们便尊称炎帝为“神农”。从那以后，人们的食物来源就稳定了，不用再只是靠与野兽搏斗来猎取食物，伤亡也大大减少了。

但是南方炎热潮湿的气候使得瘟疫横行、疾病肆虐。一到瘟疫爆发之时，许多人都会病倒在地，一些身体虚弱的老人和孩子甚至会痛苦地死去。人们却束手无策，只能眼睁睁地看着亲人离去。神农目睹了这一切，心中焦虑万分。他知道，地上生长的许多花草虽然看似普通，却是治病救命的良药，而另一些却会取人性命。为了拯救受疾病之苦的苍生，神农决定冒险以身试药。他曾一日尝百草而遇七十毒，每遇毒就嚼灵芝草化解。虽然每次中毒都令神农痛苦难耐，但这并没有使他产生放弃的念头，反而更坚定了他尝遍天下药草的决心。他将尝出的三百六十五种草药写成了《神农本草》，成为中医药第一部药学经典。他尝出能充饥的麦、稻、谷、豆、高粱，后来成为我们食用的五谷。

但是有一天，神农山上采药时无意间看到一种外形奇特的草，以为是包治百病的神药，于是大喜，忙取下一片叶子放入口中。可刚咽下去，就感觉腹中胀痛，仿佛有千万只蝼蚁在咬，不由得“扑通”一声跪倒在地，紧抱着肚子蜷（quán）缩成了一团。他用尽最后一口气在地上写道：此草毒性极为剧烈，吞下后立刻毙命，名曰“断肠草”。神农处处为黎民百姓着想，却遍尝百草而死，人们悲痛万分。

3. 燧人氏的传说

燧（suì）人氏，又称“燧皇”，相传他是华胥氏之夫、伏羲与女娲的父亲。他钻木取火，是人工取火的发明者。人工取火的发明结束了人类茹（rú）毛饮血的时代，开创了人类文明的新纪元。所以，燧人氏一直受到人们的敬重和崇拜，奉为“火祖”。燧人氏教人熟食，开创了华夏文明。上古时代的燧明国（今河南商丘）是他的家乡，因此河南商丘被誉为华夏文明的发祥地，被中国文联授予“中国火文化之乡”称号。

相传，在上古洪荒时期，到了夜晚，四处一片漆黑，野兽的吼叫声此起彼伏，人们蜷缩在一起，又冷又怕。由于没有火，人们只能吃生食，可是生食腥臊恶臭，伤胃伤肠，易生疾病，所以人们寿命也很短。但有时雷电劈在树木上，树木会燃烧起来，很快就成了熊熊大火。人们被雷电和大火吓着了，到处奔逃，可是不久雷雨停了，夜幕降临，雨后的大地更加湿冷。逃散的人们又聚到了一起，他们惊恐地看着燃烧的树木。这时候有个年轻人发现，原来经常在周围出现的野兽的嚎叫声没有了。他想："难道野兽怕这个发亮的东西吗?"于是，他勇敢地走到火边，他发现身上好暖和呀。他兴奋地招呼大家："快来呀，这火一点也不可怕，它给我们带来了光明和温暖!"这时候，人们又发现不远处烧死的野兽，发出了阵阵香味。人们聚到火边，分吃烧过的野兽肉，觉得自己从没有吃过这样的美味。

人们感到了火的可贵，他们拣来树枝，点燃火，保留起来。每天都有人轮流守着火种，不让它熄灭。可是有一天，值守的人睡着了，火燃尽了。人们又重新陷入了黑暗和寒冷之中，痛苦极了。大神看到了这一切，他来到最先发现火的那个年轻人的梦里，告诉他："在遥远的西方有个燧明国，那里有火种，你可以去那里把火种取回来。"年轻人醒了，决心到燧明国去寻找火种。

他历经千辛万苦来到了燧明国，坐在一棵叫"遂木"的大树下休息。突然，年轻人眼前有亮光一闪，把周围照得很明亮。年轻人立刻站起来，四处寻找光源。这时候他发现就在遂木树上，有几只大鸟正在用短而硬的嘴啄树上的虫子，只要它们一啄，树上就闪出明亮的火花。年轻人看到这种情景，脑子里灵光一闪。他立刻折了一些遂木的树枝，用小树枝去钻大树枝，树枝上果然闪出火光，可是却着不起火来。年轻人不灰心，他找来各种树枝，耐心地用不同的树枝进行摩擦。终于，树枝上冒烟了，然后出火了。年轻人高兴地流下了眼泪。年轻人回到了家乡，为人们带来了永远不会熄灭的火种——钻木取火的办法，从此人们再也不用生活在寒冷和恐惧中了。人们被这个年轻人的勇气和智慧折服，推举他做首领，并称他为"燧人"，也就是取火者的意思。

关于燧人氏取火的事，还有另一种传说。在远古时，在山林中居住的燧人氏，经常捕食野兽，当击打野兽的石块与山石相碰时往往会产生火花。燧人氏从这里受到启发，就以石击石，用产生的火花引燃火绒，生出火来。人类从此学会了人工取火，用火烤制食物、照明、取暖、冶炼等，人类的生活进入了一个新的阶段。

据古史记载，燧人氏不仅发明了“钻木取火”，还发明了“结绳记事”，为禽兽命名。那时候人类还没有文字，生活中有许多事全凭大脑记忆，但时间久了，有些事情往往会被遗忘。燧人氏用柔软而有韧性的树皮搓成细绳，然后将数十条细绳排列整齐悬挂在一处，在上边打结记事。大事打大结，小事打小结，先发生的事打在里边，后发生的事打在外边。为了能够记录更多的事情，燧人氏又利用植物的天然色彩，把细绳染成各种颜色，每种颜色分别代表一类事物，使所记之事更加清楚。在燧人氏以前，人们把所有的动物都叫作“虫”。燧人氏经过细心观察，把这些动物划分为四类：天上飞的称作“禽”，地上跑的称作“兽”，有脚的爬行动物称作“虫”，没脚的爬行动物称作“豸”。

4. 仓颉造字

根据中国上古神话里的记载，据说在距今大约5000年的黄帝时代，轩辕黄帝的左史官仓颉（jié）创造了华夏族群的文字。古书《淮南子》记述了那颇为惊天动地的时刻：“仓颉作书，而天雨粟，鬼夜哭。”

相传，仓颉是黄帝手下专门负责管理牲口和食物的官员。仓颉这人挺聪明，做事又很认真，很快就熟悉了所管的牲口和食物，心里记得很清楚，很少出错。可慢慢地，牲口、食物的数量不断增加，光凭脑袋记不住了。怎么办呢？仓颉就整日整夜地想啊想啊，怎么才能记住而不忘呢？仓颉先是在绳子上打结，用各种不同颜色的绳子，表示各种不同的牲口、食物，用绳子打的结代表每个数目。但时间一长，就不奏效了。这增加的数目在绳子上打个结很方便，而减少数目时，在绳子上解个结就麻烦了。仓颉又想到了在绳子上打圈圈，在圈子里挂上各式各样的贝壳，来代替他所管的东西。增加了就添一个贝壳，减少了就去掉一个贝壳。这法子顶管用，一连用了好几年。

黄帝见仓颉这样能干，叫他管的事情越来越多，年年祭祀的次数，回回狩猎的分配，部落人丁的增减，也统统叫仓颉管。仓颉又犯愁了，凭着添绳子、挂贝壳已不顶用了。怎么才能不出差错呢？这天，他参加集体狩猎，走到一个三岔（chà）路口时，几个老人为往哪条路走争辩起来。一个老人坚持要往东，说有羚羊；一个老人要往北，说可以追到鹿子；一个老人偏要往西，说有两只老虎。仓颉一问，原来他们都是看着地上野兽的脚印才认定的。仓颉心中猛然一喜，心想："既然一个脚印代表一种野兽，我为什么不能用一种符号来表示我所管的东西呢？"他高兴地拔腿跑回家，开始创造各种符号来表示各种不同的事物。

黄帝知道以后，非常高兴，大加赞赏，于是命令仓颉到各个部落去传授这种方法。渐渐地，这些符号的用法，就逐渐推广开来了，这样就形成了文字。

5. 商汤与伊尹

商汤（？—前1588），商部落首领、商朝的创建者，在位30年，其中17年为部落首领，13年为商朝国王。今人多称商汤，又称武汤、天乙、成汤、成唐，甲骨文称唐、大乙，又称高祖乙，子姓。以贤臣伊尹和仲虺（huǐ）为左右相，以亳（bó）为据点，积极治国理政，准备灭夏。

当时夏桀（jié）王在位，夏朝国势衰微，矛盾异常尖锐，汤乘机起兵，首先攻灭了葛（今河南宁陵北）及十多个小国和部落。接着又攻克了韦（今河南滑县东南）、顾（今河南范县东南）、昆吾（今河南许昌东部）等小国。经过11次战争，打遍天下无敌手，使得夏王朝空前孤立，又利用有缗（mín）氏的反叛，在"鸣条之野"打败夏桀王，一举灭了夏朝。由于商汤以武力灭夏，打破国王一脉永世相传的说法，从此中国历代王朝都如此更迭，因而史称“商汤革命”。汤建立商朝后，对内减轻赋税，鼓励生产，安抚民心，从而扩展了统治区域，影响远至黄河上游，氐（dī）、羌（qiāng）部落都来纳贡归服。

伊尹（约前1630—前1550），商初大臣。名伊，一说名挚，尹为官名。相传伊尹生于伊水边，成年后流落到有莘（shēn）氏，以耕地为生，地位虽然卑微，但他心忧天下。他见有莘氏国君有贤德，想劝说他起兵灭夏。为接近有莘国君，他自愿沦为奴隶，担任有莘国君的贴身厨师。国君发现他的才干，便提拔他为管理膳食之官。经过长期观察，伊尹终于发现，有莘氏与夏同姓，均为夏禹的后代，血缘关系难以割断，况且有莘国小力弱，不足以担当灭夏的重任，只有汤才是理想的人选，于是决定投奔汤。其时，汤娶有莘氏之女为妃，伊尹自愿作陪嫁媵（yìng）臣（陪嫁的奴隶），随同到商。他以烹调、五味为引子，分析天下大势与为政之道，劝汤承担灭夏大任。汤由此方知伊尹有经天纬地之才，便免其奴隶身份，命为右相，成为最高执政大臣。

伊尹不仅是辅佐汤夺取天下的开国元勋，还是后来外丙、仲壬（rén）、太甲三任商王的功臣。传说太甲为帝时，因不遵汤规，横行无道，被伊尹放逐于桐宫之地，令其悔过和重新学习汤的法令。3年后，迎回太甲复位。他为商朝理政安民50余载，治国有方，权倾一时，世称贤相。

6. 纣王帝辛

辛（？—前1046?），本名受德，帝号辛，谥号纣，故后世称商纣王。上古之时，夏代称“后”，商代称“帝”，周代称“王”。“纣王”的称呼，只是后人通俗的叫法。商纣王是商朝最后一个君主，都于沫，后改沫邑为朝歌。

据说，帝辛天资聪颖，听力好，视力好，口才更好；稍长又力量超人，能空手与野兽搏斗，是少见的大力士，深得帝乙欢心。当时，帝乙以沫为都已经有17年了，帝乙驾崩以后，帝辛继位。纣王帝辛，是商朝第三十代君主，也是商朝的亡国之君。他贪图享乐，荒淫无度。为了讨得妲（dá）己的欢心，他命令乐师涓作颓废淫荡的乐曲、粗鄙的舞蹈，更令人瞠目的是，他挖了许多大池子，灌满了酒，供数千人狂饮；他让人把熟肉挂满了树林，人们随便摘下来吃；他让成群的男女赤身裸体在“酒池肉林”中追逐戏耍，通宵达旦。

传说，商纣王时期，有个力能扛鼎、勇冠三军的将军，名叫闻仲，是纣王的叔叔。商朝一多半的江山都是靠他打下来的，纣王十分敬重这个叔叔，文武百官对他也都是服服帖帖。唯独有一样，闻将军怕老婆是出了名的，朝野皆知。

有一次，闻仲打胜仗胜利归来，纣王率文臣武将亲自到郊外迎接。然后大摆宴席，为他庆功。席间，有个同僚竟跟闻仲开玩笑，说他怕老婆。引得众人哄堂大笑，闻仲羞愧难当。纣王为了弄清叔叔是否真怕老婆的真相，便换了一身平民衣服，微服摸索到太师府。刚走到叔叔家门口，透过门缝，他就看到，一向高大威武的叔叔，正半跪在婶婶面前，给夫人请安。纣王没法再看下去了，扭身回宫。第二天，一道圣旨传下来，命满朝文武官员，统统带着夫人一起上殿。金殿内，文臣武将们携夫人参拜过纣王，刚要落座，突然听见纣王向身边武士喝令道：“将那个可恶的女人押上堂来！”目光凶凶，挥臂指向闻仲身边的婶婶。闻仲夫人被几个壮汉押上台前，纣王起身，呵斥道：“我叔父出生入死，为国家立下汗马功劳，别说其他臣子们个个对他恭敬佩服，就是孤王我，也对他另眼高看，十分敬重；你一个妇人，何德何能，竟敢在家里欺负羞辱他；一个堂堂的将军，半跪在你的面前，成何体统！此前听说过叔父在家怕你，我满以为是玩笑，昨日亲眼得见，真是令人发指！”训斥完，纣王当即下令：“砍掉这个妇人的头！”武士手起刀落，婶婶的人头被齐颈砍下了。

7. 齐桓公与管仲

齐襄公时，齐国政治十分混乱。襄公十二年（前686），公孙无知杀了齐襄公，自立为君。第二年，雍林人又杀了公孙无知。一时间齐国无君，一片混乱。当时，有可能登上君位的有两个人选：一是在鲁国避难的公子纠，一是在莒（jǔ）国避难的公子小白。

小白和齐国正卿高傒（xī）从小就很要好，一听说雍林人杀了公孙无知，高傒便和国氏秘密将小白从莒国召回来。鲁国听说无知被杀，也发兵送公子纠回国，并派管仲带兵堵截从莒国到齐国的路，管仲一箭射中小白带钩。小白咬舌吐血假装倒地而死，管仲派人回鲁国报捷。鲁国于是慢悠悠地送公子纠回国，走了六天才抵达齐国。而这时小白已日夜兼程赶回齐国，高傒立其为国君，这就是齐桓公。

当时桓公被射中带钩，装死骗过管仲。躲在帐篷车里日夜兼程赶回齐国，又有齐国贵族国、高两氏支持，成为国君。桓公发兵迎击鲁国，鲁军败走。鲍叔牙给鲁侯写了一封信，信中说："公子纠是齐桓公的亲兄弟，不忍杀他，请鲁国诛杀他。公子纠的老师召忽、管仲是齐桓公的仇人，希望得到活人，请鲁国把他们送回齐国处死，才能甘心。如不从命，齐国将出兵讨伐鲁国。"鲁人害怕，杀公子纠，召忽自杀，管仲被囚禁。桓公要杀管仲，鲍叔牙劝说："臣有幸跟从君上，君上现在成为国君。如果君上只想让齐国成为强国，那么有叔牙和高傒就够了；如果君上想成就天下霸业，那么非管仲不可。管仲到哪个国家，哪个国家就能强盛，不可以失去他。"桓公听从他的建议，假装要杀仇人，把管仲接到齐国。桓公和管仲谈论霸王之术，大喜过望，以其为大夫，委以政事。齐桓公重用管仲，推行改革。前684年，齐桓公不听管仲之劝，过高估计齐国军事实力，发兵攻鲁，结果被鲁军击败于长勺（sháo）。继而又联合宋国攻鲁，亦无功而返。于是采纳管仲提出的先内后外，富国强兵，以实力求霸的方略，实行军政合一、兵民合一的制度，齐国逐渐强盛。

桓公五年（前681），齐国攻打鲁国，鲁国战败，鲁庄公请求割遂邑求和，桓公答应了，与鲁国在柯会盟。曹沫用匕首在坛上劫持桓公，说："归还侵占鲁国的土地！"桓公答应了他。在曹沫拿掉匕首后，桓公后悔，想不给鲁国土地而杀曹沫。管仲劝阻说："不可失信于天下诸侯。"于是桓公归还了鲁国土地。当时中原华夏各诸侯苦于戎狄等部落的攻击，于是齐桓公打出"尊王攘夷"的旗号，北击山戎，南伐楚国，桓公成为中原霸主，周天子派宰孔赐桓公文武胙（zuò），彤弓矢，大辂（lù），不要桓公下拜受赐。桓公想不拜，管仲说："不可。"于是桓公下拜受赐。

8. 重耳出亡

前651年，晋献公临死前，欲传位于奚齐。结果，晋献公刚刚驾崩，里克等人便杀死了奚齐，并派狐偃（yǎn）之兄狐毛至翟（dí）国，面见重耳，希望重耳回国继位。重耳目睹这些年发生的惨不忍睹的一切，怀疑这是个圈套，所以拒绝了。狐毛回报里克，里克转而去请身在梁国的夷吾。夷吾即位，史称晋惠公。

惠公即位后，大肆镇压昔日作乱的公子党，杀死权臣里克等人，并派人去刺杀重耳。重耳吓得拔腿就跑，去其他诸侯国谋取支持。在卫国，重耳向一个农夫乞讨，农夫从地上拾起一土块，调侃（kǎn）重耳："拿去，吃吧！"饥饿难耐且近乎绝望的重耳气愤地举起鞭子要抽打农夫。狐偃赶忙阻止了重耳，说："这是上天要赐给我们土地啊！说明我们复国有望。"并向农夫磕了个头，接过土块，装在车上走了。

重耳一行一路颠簸（bǒ），终于来到了齐国。齐桓公听说重耳到来，出郭相迎。齐桓公以宗女嫁与重耳，希望能以此拴住重耳，即便重耳最终复国，对齐国也有好处。重耳沉溺（nì）于享乐，完全忘记了复国大计。前643年，齐桓公病逝，以齐之力复国已不可能。狐偃、赵衰（cuī）等人多次提醒重耳，重耳不从。狐偃、赵衰等人密谋，恰有一侍女偷听，报与宗女。宗女杀死侍女，与狐、赵合计，将重耳灌醉。然后拖上马车，快马出城，离开齐国。等重耳一觉醒来，为时已晚。重耳气得操戈要砍狐偃："如果不能复国，我吃你的肉！"狐偃边逃边半开玩笑："如果复国失败，我死在荒野，也是被狼吃。如果你能复国，晋国的肉都是你的，我的肉不好吃！"重耳只好硬着头皮上路。

重耳一行经过曹国、宋国，来到郑国关前，派人通报郑文公。叔詹说："重耳，是晋国的贤公子，与君侯同宗，宜当结交！"郑文公是个连父子亲情都不认的主，哪会买这个账？拒绝说："每年从我们这里路过的诸侯、公子那么多，如果每个都去招待，我们哪有那么多钱？"重耳只好离开郑国，进入楚国境内。

楚成王早闻公子重耳是当时贤人，便远迎重耳，安置重耳居住在郢（yǐng）都，热情款待，共论天下。有一天，楚成王在酒席上问重耳："今日，我待你如何？"重耳答曰："甚厚！"楚成王又问："他日若你返国，将作何报答？"重耳思忖（cǔn）一会，答道："若返国，皆君之福。倘晋、楚对战于中原，我必然退避三舍，以报今日之恩！"成王默然，令尹子玉大喝道："寡君奉汝为上宾，汝安敢出此妄言？"楚成王命成得臣退下，子玉不甘心，强谏成王："重耳，世之贤主；随从，皆有将相之才。倘使其归国，如鱼得水，他日必成楚之大患。今日，其羽翼未丰，宜当处之！"成王不从，命子玉退下。成得臣愤而告退。

前637年，晋惠公病故，晋怀公即位，大兴党狱，朝野上下怨声载道。秦穆公愿意辅佐重耳回国夺取君位，条件是将河东五城，割让给秦国。重耳表示同意。穆公便又将自己最宠爱的女儿文嬴（此前已嫁与晋怀公，此时晋怀公已离开秦国，回到晋国）嫁于重耳，重耳有些尴（gān）尬（gà），毕竟是自己的侄媳妇。经人多方规劝，重耳才勉强接受。

重耳阔别祖国长达19年回国之后，立刻联络早已埋伏于国内的亲信力量前来接应，在众人的簇拥下，重耳被众人拥立为君，这就是晋文公。

9. 三家分晋

晋国大夫智宣子在临死前将儿子智瑶立为家族继承人，因为他有五大优点：一是仪表堂堂，身材高大；二是精通射箭，擅长驾车；三是技艺出众，才华过人；四是能言善辩，出口成章；五是性格坚强，刚毅勇敢。族人智果反对说，智瑶虽然有五大优点，但他却有一个致命的缺点，那就是他"不仁"。"仁"就是"爱"，"不仁"就是内心没有爱，没有做人的底线——善良。

智宣子不听，坚持让智瑶继位，是为智襄子。智襄子联合魏桓（huán）子、韩康子一起攻打赵国，挖开汾（fén）水，淹没了赵国的城墙，鸡犬不留，更不要说那无数的无辜百姓。魏桓子、韩康子看到智襄子如此凶狠残忍，想到他有朝一日也一定会用同样残忍的手段来对付自己，所以二人临时倒戈，联合赵襄子，杀了智襄子，诛了智氏家族，瓜分了晋国。韩、赵、魏三家分晋，标志着春秋时代的结束，战国时代的开始。

由此可见，做人不能没有爱心，不能失去善良，失去做人的底线。智襄子失去了做人的仁爱和善良，招来的必然是国破身亡。

10. 欧冶子铸剑

欧冶（yě）子，春秋末期到战国初期越国人，中国古代铸剑鼻祖，"龙泉剑"与"湛卢剑"的创始人。福建省的福州古称冶城，市北的冶山和剑池，是欧冶子铸剑的地方。另福建北部的湛卢山，浙江龙泉七星井，均有欧冶子铸剑遗迹。

欧冶子诞生时，正值东周列国纷争，楚先后吞并了长江以南45个国家，越国成了楚国的属国。少年时代，他从母舅那里学会冶金技术，开始冶铸青铜剑和铁锄、铁斧等生产工具。他肯动脑筋，具有非凡的智慧；他身体强健，具有吃苦耐劳的精神。他发现铜和铁性能的不同之处，冶铸出第一把铁剑“龙渊”（后改名“龙泉”），开创了中国冷兵器之先河。

欧冶子铸造的一系列青铜剑，赫赫有名，冠绝华夏。在春秋五霸、战国七雄的争霸战争中，显示了无穷的威力。欧冶子曾为越王勾践铸造了五柄宝剑：湛卢、巨阙（quē）、胜邪、鱼肠、纯钧。又据《越绝书》记载，欧冶子曾应楚昭王之邀与干将（传说与欧冶子同师）一起，为楚昭王铸了龙渊（龙泉）、泰阿、工布三柄名剑，楚王曾引泰阿之剑大破晋郑王三军。

欧冶子铸的剑以湛卢剑最为有名，称为“天下第一剑”。据《越绝书》载，欧冶子到闽、浙一带名山大川遍寻适宜铸剑之地，当他见到湛卢山清幽树茂，薪炭易得，矿藏丰富，山泉清冽，适宜焠（cuì）剑时，便立即结舍于此铸剑。经过3年的辛苦，终于铸就了锋芒盖世的湛卢之剑。湛卢山也因此被称为“天下第一剑山”。

湛卢剑几经辗转流传，据说唐时为薛仁贵获得，后传到南宋抗金名将岳飞手中。绍兴十二年（1142），岳飞父子遇害后，湛卢剑不知下落。1965年出土的越王勾践剑，虽然无法确定是否为欧冶子所铸，但作为同一时期的青铜剑，可以为考证湛卢剑工艺水平提供珍贵资料。

11. 隋侯之珠

那是春秋战国时期的一个秋天，隋国的君主隋侯例行出巡封地。一路游山玩水，这天行至渣水地方，隋侯突然发现山坡上有一条巨蛇，被人拦腰砍了一刀。由于伤势严重，巨蛇已经奄奄一息了，但它两只明亮的眼睛依然神采奕（yì）奕。隋侯见此蛇巨大非凡且充满灵性，于是动了恻隐之心，立即命令随从为其敷药治伤。不一会儿，巨蛇恢复了体力，它晃动着巨大而灵活的身体，绕隋侯的马车转了三圈，径直向苍茫的山林逶（wēi）迤（yí）游去。

一晃几个月过去了，隋侯出巡归来，路遇一黄毛少儿。他拦住隋侯的马车，从囊（náng）中取出一枚硕大晶亮的珍珠，要敬献给隋侯。隋侯探问缘由，少儿却不肯说。隋侯以为无功不可受禄，坚持不肯收下这份厚礼。

第二年秋天，隋侯再次巡行至渣水地界，中午在一山间驿站小憩（qì）。睡梦中，隐约走来一个黄毛少儿，跪倒在他面前，称自己便是去年获救的那条巨蛇的化身，为感谢隋侯的救命之恩，特意前来献珠。隋侯猛然惊醒，果然发现床头多了一枚珍珠，这枚硕大的珍珠似乎刚刚出水，显得特别洁白圆润，光彩夺目，近观如晶莹之烛，远望如海上明月，一看便知是枚宝珠。隋侯感叹说："一条蛇尚且知恩图报，而有些人受惠却不懂报答啊！"

据说隋侯得到宝珠的消息传出后，立即引起了各国诸侯的垂涎（xián），经过一番不为人知的较量，隋珠不久落入楚武王之手。后来，秦国灭掉楚国，隋珠又被秦始皇占有，并被视为秦国的国宝。秦灭亡后，天下大乱，隋珠从此不知下落。一度光彩照人的隋侯之珠已湮（yān）没在滚滚的历史烟尘中，不可复寻。只有这个充满人文关怀的美丽传说，依然隐约闪现在茫茫史河中，带给后人温暖与警示。

"隋侯珠"与"和氏璧"并称为"春秋二宝"。

12. 祁奚一心为公

祁奚（前620—前545），本姓姬，字黄羊，春秋时晋国人。因食邑在祁，所以为祁姓。周简王十四年（前572），晋悼公即位，祁奚被任命为中军尉。

周灵王二年（前570），祁奚因年老退休。晋悼公问祁奚："你认为谁可以接替你担任中军尉一职呢？"祁奚举荐了与自己有仇的解（xiè）狐，但解狐来不及上任就死了。悼公又问祁奚："谁还可以接替中军尉一职呢？"他回答说："我的儿子祁午可以。"不久，中军佐羊舌职也死了。当悼公再次征求他的意见时，祁奚又向悼公推荐了羊舌职的儿子。悼公问："你为何既举荐你的仇人，又推荐与你关系密切的人呢？"祁奚回答道："主公问的是何人能胜任，并不是问谁与我的关系怎样呀！”悼公认为祁奚说得有理，便任命祁奚的儿子祁午为中军尉，羊舌职的儿子羊舌赤为中军佐。

周灵王十六年（前556），晋平公封祁奚为公族大夫。周灵王二十一年（前551），执掌晋国朝政的大臣范宣子杀死大夫羊舌虎，又株连其兄叔向入狱。有人劝叔向求宠臣大夫乐王鲋（fù）为之说情，叔向直言：“只有祁大夫能救我。”祁奚听说后，不顾年老路遥，驱车面见范宣子，义正词严地说：“《尚书》上讲对一位有智慧、有谋略的人应当相信、保护及安慰。叔向是参与谋划国家大事而很少有过错，教诲别人又从不知疲倦的人呀。对这样的人不给以安慰重用，却反而被株连，这是国家的损失啊！过去，鲧（gǔn）被处死，其子禹却得到重用，管叔、蔡叔被杀逐，其兄周公却仍在辅佐成王。我们怎么能因为一个羊舌虎，就置整个国家利益于不顾呢？”范宣子听了很受感动，两人一起面见晋平公，说服平公赦免了叔向。事后祁奚悄然而归，叔向也未登门拜谢。

祁奚这种以国家社稷（jì）为重、外举不避仇、内举不避亲、举贤不为谄（chǎn）、救人不图报、一心为公的精神品质，受到世人的高度称赏。

13. 范蠡和文种

范蠡（lí）和文种都是楚国人，因不满当时楚国政治黑暗，两人一起投奔到了越国，辅助越王勾践二十余年，终于使勾践于公元前473年灭了吴国。传说范蠡帮助勾践灭吴兴越、功成名就之后，意识到勾践只可同患难，不可共富贵，便毅然决定急流勇退。勾践极力挽留，但他还是决意离开。《史记·越王勾践世家》说他过海到了齐国，改名换姓，自称“鸱（chī）夷子皮”，亲自下地耕种，兼营副业（捕鱼、晒盐），很快积累了数千万家产。但他仗义疏财，济人之困。齐人听说范蠡贤能，想拜他为相，结果被他拒绝。后范蠡迁往陶地（今山东省定陶县），经商成巨富，自号“陶朱公”。范蠡是“南阳五圣”（谋圣姜子牙、商圣范蠡、科圣张衡、医圣张仲景、智圣诸葛亮）之一，后代许多生意人都供奉他的塑像，称他为“财神”。相传范蠡后来西出姑苏城，泛一叶扁舟于五湖之中，遨游于七十二峰之间，过着逍遥惬（qiè）意的生活。范蠡大约出生于公元前536年，约于公元前448年无疾而终，享年近百岁。

相反，文种在辅佐越王勾践灭吴后，自觉功高，不听范蠡劝告，继续留在越国为相。范蠡与文种相交甚深，曾从齐国写信给文种，告诫文种说：“蜚（同“飞”）鸟尽，良弓藏；狡兔死，走狗烹。越王为人长颈鸟喙（huì），可与共患难，不可与共享乐。子何不去？”意思是飞鸟射杀完了，好的弓箭就会被收起来；狡猾的兔子捕完了，猎狗就会被烹煮掉。越王为人阴险，可共患难，不可同享乐。你为什么还不离开他呢？文种在收到信后，便称病不上朝，于是有人进谗言说文种要造反作乱，勾践听信谗言，赐给文种一把剑，说：“子教寡人伐吴七术，寡人用其三而败吴，其四在子，子为我从先王试之。”意思是：你当初给我出了七条对付吴国的策略，我只用三条就打败了吴国，剩下四条在你那里，你用这四条去地下为寡人的先王去打败吴国的先王吧！于是文种自杀。

范蠡与文种之所以有不同的命运结局，就在于范蠡深知《易经》“亢龙有悔”的盛衰之理，急流勇退；而文种知进不知止，贪图功名利禄，必然后悔莫及。

14. 张衡与地动仪

张衡（78—139），字平子，南阳西鄂（今河南南阳市）人，东汉时期著名科学家、文学家。不仅为中国天文学、机械技术、地震学的发展做出了不可磨灭的贡献，而且在数学、地理、绘画和文学等方面，也表现出了非凡的才华。

张衡是东汉中期浑天说的代表人物之一，他指出月球本身并不发光，月光其实是日光的反射。他还正确地解释了月食的成因，1802号小行星便以他的名字命名。地动仪是张衡的又一传世杰作。在张衡所处的东汉时代，地震比较频繁。据《后汉书·五行志》记载，自汉和帝永元四年（92）到汉安帝延光四年（125）的30多年间，共发生了26次大的地震。地震引起地裂山崩、江河泛滥、房屋倒塌，造成了巨大的损失。

张衡对地震有不少亲身体验。为了掌握全国地震动态，他经过长年研究，终于在阳嘉元年（132）发明了候风地动仪——世界上第一架地震仪。它有8个方位，每个方位上均有一条口含铜珠的龙，在每条龙的下方都有一只蟾（chán）蜍（chú）与其对应。任何一方如果发生地震，该方向龙口所含铜珠就会落入蟾蜍口中，由此便可测出发生地震的方向。当时利用这架仪器成功地测报了西部地区发生的一次地震，引起全国的重视。这比起西方国家用仪器记录地震的历史要早一千多年。

15. 苏武牧羊

公元前100年，汉武帝正想出兵攻打匈奴，匈奴就派使者来求和了，还把以前扣留的汉朝使者都放了回来。汉武帝为了答复匈奴的善意表示，派中郎将苏武拿着旌节，带着副手张胜和随员常惠，出使匈奴。

苏武到了匈奴，送回被汉朝扣留的匈奴使者，并送上礼物。苏武正等单于写个回信让他回去，没想到就在这时发生了一件事儿。苏武没到匈奴之前，有一个叫卫律的人，在出使匈奴后投靠了匈奴。单于特别重用他，封他为王。卫律有一个部下叫虞常，对卫律很不满意。他跟苏武的副手张胜原来是朋友，就暗地跟张胜商量，想杀了卫律，劫持单于的母亲，逃回中原去。没想到此事泄密，单于大怒，叫卫律审问虞常，查出同谋。

苏武本来不知道这件事，张胜怕受到牵连，才告诉苏武。苏武认为这件事一定会牵连到自己，与其受审给朝廷丢脸，不如自杀，结果被部下夺下了手里的刀。虞常受尽种种刑罚，拼死也不承认有同谋。单于大怒，想杀死苏武，被大臣劝阻了。单于又叫卫律去逼迫苏武投降。苏武说：“我是汉朝的使者，如果违背了使命，丧失了气节，活下去还有什么脸见人！”说完又拔刀自杀。卫律慌忙把他抱住，苏武已受伤昏迷。卫律急忙叫人把苏武抢救了过来。

单于觉得苏武是个有气节的好汉，十分钦佩他。等苏武伤痊愈了，单于又想逼苏武投降。

卫律先把虞常定了死罪，杀了；接着，又举剑威胁张胜，张胜贪生怕死，投降了。卫律对苏武说：“你的副手有罪，你也得连坐。”苏武说：“我既没有跟他同谋，又不是他的亲属，为什么要连坐？”卫律又举起剑威胁苏武，苏武不动声色。卫律没法，只好把举起的剑放下来，劝苏武说：“我也是不得已才投降匈奴的，单于待我好，封我为王，给我几万名的部下和满山的牛羊，享尽富贵荣华。先生如果能够投降匈奴，明天也跟我一样，何必白白送掉性命呢？”苏武怒气冲冲地站起来，说：“卫律！你忘恩负义，背叛了父母，背叛了朝廷，还有什么脸来和我说话！我决不会投降！”

卫律碰了一鼻子灰，回去向单于报告。单于把苏武关在地窖里，不给吃，也不给喝，想逼他屈服。这时正是严冬，下着鹅毛大雪。苏武忍饥挨饿，渴了，就捧了一把雪止渴；饿了，就扯一些羊皮片连同毡毛一起吃了充饥。过了几天，居然没有饿死。单于见折磨他没用，便把他送到荒无人烟的北海边去放羊，并对苏武说：“等公羊生了小羊，才放你回去。”

苏武到了北海，靠掘野鼠、拔草根充饥。每天拿着代表汉朝的旌节，日子一久，旌节上的穗子全磨掉了。就这样，一年又一年，一直过了19年，等到苏武回到汉朝的时候，头发也白了，胡须也白了。长安的人民都出来迎接他，瞧见苏武手里拿着光杆子的旌节，没有一个不受感动的。

16.“外科之祖”华佗

华佗（145—208），名旉（fū），字元化。《后汉书·华佗传》写华佗：“年且百岁，而犹有壮容，时人以为仙。”据此，华佗可能不止活了64岁。

华佗在医术方面，尤其擅长外科，精于手术，被后人称为外科圣手、外科鼻祖。曾用“麻沸散”施剖腹术，为世界医学史上最早之全身麻醉。华佗很重视疾病的预防，强调体育锻炼以增强体质，模仿虎、鹿、熊、猿、鸟的动作和姿态，创造了一种“五禽之戏”，用以锻炼身体。五禽戏是以体育活动为主、与气功结合的健身运动。

华佗生活在东汉末年三国初期，那时，军阀混战，水旱成灾，疫病流行。为此，他不愿做官，宁愿到处奔跑，为人民解除病痛。有一次，华佗在路上遇见一位患咽喉阻塞的病人，吃不下东西，正乘车去医治。病人呻吟着，十分痛苦。华佗走上前去仔细诊视了病人，就对他说：“你向路旁卖饼的人家要三两萍齑（jī），加半碗酸醋，调好后吃下去病自然会好。”病人按他的话，吃了萍齑和醋，立即吐出一条像蛇那样的寄生虫，病也就真的好了。病人把虫挂在车边去找华佗道谢，华佗的孩子恰好在门前玩耍，一眼看见，就说：“那一定是我爸爸治好的病人。”那病人走进华佗家里，见墙上正挂着几十条同类的虫。华佗用这个民间单方，早已治好了不少病人。

广陵太守陈登，面色赤红，心情烦躁，他命人请来了华佗为他诊治。华佗先请他准备了十几个脸盆，结果陈登吐出了十几盆的红头的虫子。华佗为他开了药，说陈登是吃鱼得的这个病，告诉他这个病三年后还会复发，到时候再向他要这种药，这个病就可以根治了，并且临走告诉了他（华佗家）的地址，那年陈登36岁。三年后，陈登果然旧病复发，并派人依照地址寻找，可是华佗的药童告诉陈登的使者说华佗上山采药还没回来，也不知道他什么时候能回来，结果陈登就去世了，时年39岁。

曹操得了病，让华佗专为他治病。华佗说：“你的病在短期内很难彻底治好，即使长期治疗，也没法根治。”后来华佗称收到家信，要回家一趟。回家后就不回来，曹操三番五次的写书信催他回来，华佗就是不回。曹操很生气，就派人把华佗关进了监狱拷打。华佗临死前，拿出一卷医书给狱吏，说：“这书可以用来救人。”狱吏害怕触犯法律，不敢接受，华佗就把医书烧了。华佗死了以后，曹操头痛病没有好。曹操说：“华佗能治好这种病，但他故意留着我的病，不加根治。我不杀掉这小子，他也终究不会替我断掉这病根的。”等到后来他的爱子仓舒（曹冲的字）病危，曹操才感叹说：“我后悔杀了华佗，使这个儿子活活地死去了。”

17.“医圣”张仲景

张仲景（150—219），名机，字仲景，南阳郡（今河南邓州市）人。东汉末年著名医学家。张仲景的《伤寒杂病论》，是中医史上第一部理、法、方、药具备的经典。元明以后，张仲景被奉为“医圣”，甚至有庙供奉香火。

张仲景出生在一个没落的官僚家庭，从小酷爱医学，“博通群书，潜乐道术。”当他10岁时，就已读了许多书，特别是有关医学的书。他的同乡何颙（yóng）十分赏识他，说他将来一定会成为“良医”。

据载，自汉献帝建安元年（196）起，十年内有2/3的人死于传染病，其中伤寒病占70%。于是，张仲景发愤研究医学，立志做个能解脱人民疾苦的医生。所著《伤寒杂病论》（唐宋以后分为《伤寒论》和《金匮（guì）要略》两部书）被奉为医经，1700多年来，一直是人们学习中医必读的经典著作。自隋唐以后，张仲景的著作远播海外，在世界医学界享有盛誉。

尽管张仲景从小就厌恶官场，张仲景在汉灵帝时仍被州郡举为孝廉，进入官场，为长沙太守，类似今天湖南省省长。但他仍用自己的医术，为百姓解除病痛。在封建时代，做官的不能随便进入民宅，接近百姓。可是不接触百姓，就不能为他们治疗，自己的医术也就不能长进。于是张仲景想了一个办法，择定每月初一和十五两天，大开衙门，不问政事，让有病的百姓进来，他端端正正地坐在大堂上，挨个地仔细为群众诊治。他让衙役贴出安民告示，告诉老百姓这一消息。他的举动在当地产生了强烈的震动，老百姓无不拍手称快，对张仲景更加拥戴。时间久了便形成了惯例，每逢农历初一和十五的日子，他的衙门前便聚集了来自各方求医看病的群众，甚至有些人带着行李远道而来。后来人们就把坐在药铺里给人看病的医生，通称为“坐堂医生”，以此纪念张仲景。

东汉王朝四分五裂，张仲景就到岭南隐居，专心研究医学，撰写医书。到建安十五年，终于写成了划时代的临床医学名著《伤寒杂病论》，共十六卷。晋武帝司马炎统一天下后的公元285年，张仲景的遗体才被后人运回故乡安葬，并在南阳修建了医圣祠和仲景墓。

18. 唐朝第一高僧玄奘

玄奘（zàng）（602—664），俗姓陈，名袆（huī），乳名江流儿。他的哥哥先出家于洛阳净土寺，法名长捷。他从小就跟随哥哥诵习儒道百家经典，11岁进入寺庙研读佛经，由于聪颖、好学、刻苦，为大理寺卿所赏识，破格剃度为僧，取法名玄奘。玄奘一方面尽读当时翻译过来的所有佛经，另一方面又与哥哥一起，游历各地，参拜高僧，足迹遍及半个中国，被誉为佛门之千里马。

玄奘因感佛家各派学说分歧，难得定论，便决心至天竺学习佛教。28岁那一年，玄奘单人匹马西行取经。至高昌国（今吐鲁番东）得到信仰佛教的高昌王的热情支持，为他配备了50多名向导和随从，并写了24封给沿途各国君主的信，请他们多多关照玄奘。玄奘一行来到终年积雪的凌山，遇到暴风雪，挣扎了7天，随从人员死了三分之一。走了约4年，终于来到了那兰陀寺。那兰陀寺是佛教最高学府，有僧徒一万多人。那兰陀寺住持高僧戒贤法师，组织了一千多人欢迎唐朝僧人玄奘。戒贤法师已经100多岁了，早已不再讲学，却破例为玄奘讲学一年零三个月。玄奘学了五年，终成第一流佛教学者。

642年12月，戒日王组织了一次规模空前的学术辩论。到会的有天竺十八个国王，三千多名高僧，一千多名其他僧人，总共上万人。唐玄奘被推为主讲人，18天中没有一个人是他的对手。玄奘谢绝了天竺对他的挽留，于645年回到长安，往返共历17年，行程2.5万千米。带回经书657部，十年间与弟子共译出经书75部1335卷，还著有《大唐西域记》12卷，记述他西游亲身经历的110个国家及传闻的28个国家的山川、地理、物产、习俗等。玄奘是唐朝第一高僧，佛教中有经藏、律藏、论藏之说，通晓其中一门者，尊称之为“师”：即精通经藏者尊为经师，精通律藏者尊为律师，精通论藏者尊为论师。只有同时通晓三藏者才被尊为三藏法师，唐玄奘精通三藏，所以被人们称为唐三藏。近代著名学者梁启超说：“玄奘是中国第一流学者，决不居第二流以下。”

19. 毕昇与活字印刷术

中国是最早发明印刷术的国家。13世纪的宋朝，毕昇发明了活字印刷术，这是中国印刷史上一次根本性的变革。

毕昇开始是印刷工人，专门从事手工印刷。在印刷实践中，毕昇深知雕版印刷的艰难，他便认真总结前人的经验，发明了胶泥活字印刷术。其方法既简单灵活，又方便轻巧，其制作程序是：先用胶泥做成一个个规格统一的单字，用火烧硬，使其成为胶泥活字，然后把它们分类放在木格里，一般常用字备用几个至几十个，以备排版之需。排版时，用一块带框的铁板作底托，上面敷一层用松脂、蜡、纸灰混合制成的药剂，然后把需要的胶泥活字一个个从备用的木格里拣出来，排进框内，排满就成为一版，再用火烤。等药剂稍熔化，用一块平板把字面压平，待药剂冷却凝固后，就成为板型。印刷时，只要在板型上刷上墨，敷上纸，加上一定压力，就行了。印完后，再用火把药剂烤化，轻轻一抖，胶泥活字便从铁板上脱落下来，下次又可使用，比整版雕刻经济而方便。

毕昇毫无保留地把自己的发明介绍给师弟们，师弟们禁不住啧（zé）啧赞叹。一位小师弟说：“《大藏经》5000多卷，雕了13万块木板，一间屋子都装不下，花了多少年的心血。如果用师兄的办法，几个月就能完成。师兄，你是怎么想出这么巧妙的办法的?”“是我的两个儿子教我的!”毕昇说。“你儿子？怎么可能呢？他们只会‘过家家’。”“你说对了！就是靠这‘过家家’。”毕昇笑着说，“去年清明前，我带着妻儿回乡祭祖。有一天，两个儿子玩过家家，用泥做成了锅、碗、桌、椅、猪、人，随心所欲地排来排去。我的眼前忽然一亮，当时我就想，我何不也来玩过家家？用泥刻成单字印章，不就可以随意排列、排成文章了吗？哈哈！这不就是儿子教我的?”师兄弟们听了，也哈哈大笑起来。“但是这过家家，谁家孩子都玩过，师兄们都看过，为什么偏偏只有你发明了活字印刷呢?”还是那位小师弟问道。过了一会，师傅开了口：“在你们师兄弟中，毕昇最有心。他早就在琢磨提高印刷工效的新方法了！冰冻三尺，非一日之寒啊。”

后来，毕昇的胶泥活字首先传到朝鲜，称为“陶活字”。再后又由朝鲜传到日本、越南、菲律宾。15 世纪，活字印刷术传到了欧洲。公元 1456 年，德国的戈登堡用活字印《戈登堡圣经》，这是欧洲第一部活字印刷品，比中国的活字印刷史晚四百年。到了 19 世纪，活字印刷术传遍了全世界，对中国与世界各国的文化交流做出了伟大贡献。在此之前，只有摹印、拓印和雕版印刷，既笨重费力又耗料耗时，不仅存放不便，有错字又不易更正。

20.《聊斋志异》的作者蒲松龄

蒲松龄（1640—1715），字留仙，一字剑臣，号柳泉居士，世称聊斋先生，自称异史氏。清代著名小说家。蒲松龄出生于一个逐渐败落的中小地主兼商人家庭，他在 40 岁的时候，曾经这样回忆自己出生时的情景：蒲家庄的商人蒲槃（pán）做了一个奇怪的梦，他看到一个披着袈（jiā）裟（shā）的和尚，瘦骨嶙（lín）峋（xún）的，病病歪歪的，走进了他妻子的内室，和尚裸露的胸前有一块铜钱大的膏药，蒲槃惊醒了。他听到婴儿在啼哭，原来是他的第三个儿子出生了。在月光的照耀下，蒲槃惊奇地发现，新生的三儿子胸前有一块痣，这块痣的大小、位置，和他梦中所见那个和尚的膏药完全相符。蒲松龄解释说：自己一辈子如此不得志，如此穷困潦倒，很可能就是因为自己是苦行僧转世的缘故。

蒲松龄19岁时，参加科举考试，在县、府、道连考了三个第一。当时的主考官施闰章给山东秀才考试出的第一道考题叫《蚤起》，爱才如命的大文学家施闰章，非常欣赏蒲松龄的文章，说蒲松龄的文章"将一时富贵丑态毕露于二字之上"，接着又写了八个字的评语："观书如月，运笔如风。"但蒲松龄从此之后却屡试不中，屡战屡败，屡败屡战。他48岁那年，又参加考试。他一看题目，很高兴，拿到考题就"唰唰唰"开始写，写得很快。但是写完后，回头一看，坏了，越幅了。什么叫"越幅"呢？科举考试对文字形式有非常严格的要求，一页只能写12行，一行只能写25个字，而且得写完第一页写第二页，写完第二页写第三页。蒲松龄写得快，第一页写完，飞快一翻，把第二页翻过去了，直接写到第三页上了，隔了一幅，这就叫"越幅"。越幅，不仅要取消资格，还得张榜公布。蒲松龄郁闷极了。

蒲松龄一直考到70多岁，最终还是没有考上。

蒲松龄一生为生活所迫，做了42年的私塾老师。在教书的同时，就是写他的《聊斋志异》。台湾著名作家林语堂曾经这样推测和想象：蒲松龄白天教完了学生，晚上自己坐在那个荒凉的书斋里，外面月色朦胧，树叶在那儿哗啦哗啦响，远处传来狐狸的叫声，那个时候狐狸很多。这时候，蒲松龄就产生幻想了：他就想象有一个书生，情感很丰富的书生，就和他一样，很穷困很不得志，但是又很有才华，坐在一个荒斋里面，这个时候有个美女推门而入，许多美好的故事由此展开……《聊斋志异》就是天才作家蒲松龄艺术想象和艺术才能的杰作。